Currículo Inclusivo
Em busca do profissional ideal

Revisão Técnica
Cleide Aparecida Martins Barillari
Ercilia de Stefano
Walter Aloísio Santana

Barreto, João Carlos

B273c   Currículo Inclusivo: Em busca do
Profissional Ideal / João Carlos Barreto - São Paulo:
Amazon Books, 2020.

194 p.

ISBN 9798642194522
ASIN   B087SLPWY3
ASIN B08511628D (livro eletrônico)
atualizado em 2021

1. Currículo2. Triagem 3. Recrutamento 4.
Administração
I. Título

CDU 005.96/.96

CDD 658.3

Catalogação na publicação: Neuza Marcelino da Silva – CRB 8/8722

Agradecimentos

Ao meu amigo e filho Bruninho, que inspirou esse e outros trabalhos, além de tudo que me proponho a fazer de bom...
Só me resta agradecer por tudo!

A Amanda, que eu gostaria muito, muito, muito mesmo que fosse minha filha legítima, adotada ou qualquer outra terminologia que possa definir alguém que faça o sonho de ser pai de menina tão completo...
Só me resta agradecer por tudo!

Epígrafe

"... nos gloriamos nas tribulações, porque sabemos que a tribulação produz perseverança; a perseverança, experiência; e a experiência, esperança."
Romanos 5:3,4

Por mais tecnologia que surja, ainda estamos propensos ao subjetivismo. No recrutamento, isso é mais evidenciado pela maneira que o processo acontece. Por isso, se é preciso fazer diferente, fiz conforme a sugestão desse cara aqui embaixo, uma inspiração...

"Se existe alguma coisa que você acha boa, que você queira fazer, que signifique algo para você, tente fazer isso, porque eu acho que você só consegue fazer o seu melhor trabalho se você estiver fazendo o que você quer, do jeito que você acha que tem que ser feito. E se você tiver orgulho do que você acabou de fazer, não importa o que seja, você vai olhar e dizer: "eu fiz aquilo", nada é melhor do que isso. É um sentimento maravilhoso. Então, não deixe idiotas te fazerem desistir do que você acha que é bom".

– Stan Lee, criador, junto com Steve Ditko, do meu único e maior super-herói de todos, o Homem Aranha!

SUMÁRIO

SUMÁRIO

SUMÁRIO

PREFÁCIO

Sempre digo que estamos acostumados ao SFFA (Sempre Foi Feito Assim), ou seja, fazer algo do mesmo jeito, sem analisar uma possível mudança. Parece "praga" dos tempos modernos, por mais tecnologia e mudança de conceitos, algumas atividades parecem não sofrer transformação, alterando algumas vezes os meios, mas não os fins. Sem dúvida, a triagem de currículos é uma dessas atividades que pode ser chamada de SFFA.

Para mim, tudo se intensificou com a entrada do meu filho, Bruninho, ao mercado de trabalho. Ao me pedir ajuda, montei o seu currículo colocando as experiências informais, enfatizando outros aspectos que julguei importante, não ultrapassando, pela pouca experiência, uma página. Na primeira entrevista, levou o currículo e voltou frustrado.

Por mais que tenha se preparado, a recrutadora "analisou" o seu currículo e o de mais onze candidatos em incríveis trinta minutos, incluindo nesse período a apresentação de cada profissional, dinâmica de grupo em que os candidatos tinham 30 segundos para venderem um produto inusitado e entrevistas individuais com duas perguntas. Se você parar para entender esse processo, tudo começa a ficar, no mínimo, curioso:
- Se cada currículo foi analisado em 30 segundos, foram 6 minutos;
- Se cada apresentação durou 1 minuto, foram outros 12 minutos;
- Se cada dinâmica levou 30 segundos, foram mais 6 minutos; e
- Se cada entrevista teve 1 minuto de duração, foram outros 12 minutos.

Observe que, sem paradas por quaisquer motivos não programados ou intervalo para a mudança de uma atividade para outra, o tempo já estaria estourado em 6 minutos, ou seja, fica claro que não houve processo seletivo e sim escolhas de pessoas.

PREFÁCIO

Entretanto, o que parecia exceção, logo virou regra. Nos três processos seguintes, a situação foi bem similar. Curioso como sou, pedi ao Bruninho mais detalhes sobre o recrutamento. Assim, pude perceber duas situações: os recrutadores com pouco tempo para selecionar e o uso de critérios subjetivos.

A partir disso, fui estudar, tentando entender o processo de triagem de currículo, tão importante na seleção do profissional. Ao não encontrar trabalhos aprofundados sobre confecção e triagem de currículo, resolvi desenvolver um estudo sobre o assunto.

Ao final, surgiu o método proposto neste Livro, que acredito ser o elo entre os desejos do recrutador e do candidato, ou seja, equidade, transparência e redução de custo.

As reflexões sobre o uso do método estão diretamente relacionadas às respostas das perguntas abaixo:

Aos recrutadores:
- Estamos fazendo a triagem de currículos adequadamente?
- Os profissionais são analisados de forma equitativa?
- Os currículos não deveriam ser padronizados com parâmetros idênticos para serem melhor analisados?

Aos profissionais:
- Faz sentido pagar para terceiros expressarem meu conhecimento e habilidades sempre que necessário atualizar os dados?
- Se os recrutadores levam em média 30 segundos para analisar um currículo, por que eu mesmo não posso fazê-lo?
- Os currículos não deveriam ser padronizados com parâmetros idênticos para serem melhor analisados?

Essa é a ideia do Currículo Inclusivo, mais do que o profissional Ter um currículo em busca de recolocação, o método propõe Ser a referência para o profissional, empregado ou não, com perfil e outros aspectos definidos por meio de pontuação.

PREFÁCIO

Com isso, é possível afirmar: bom para o recrutador que agiliza o processo e cria maior possibilidade de acerto na contratação, bom para o profissional que pode perceber maior transparência na seleção e, ao mesmo tempo, reduzir custo.

A partir dessas considerações, o Livro foi tomando forma. No fim, pude perceber que a triagem de currículos tem grande defasagem quanto à operacionalização, muitas vezes realizada por pessoas inexperientes e sem entendimento da real importância dessa tomada de decisão. Por outro lado, se a triagem de currículo é importante, porque não expandirmos para, com os dados gerados, ter análise da carreira?

Assim, é proposto um modo de entender o andamento da carreira por meio de métricas estabelecidas, importante para o planejamento das ações corretivas, expansivas e, quem sabe, eliminar o que não deu certo.

Pelo contexto envolvido, percebe-se que o mercado profissional deve ser a junção de recrutadores e profissionais, ativos e em recolocação, todos agrupados com critérios pré-definidos para alcançarem um objetivo: agregar valor às empresas.

Que as pessoas sejam requisitadas pelas capacitações que acumulam ao longo do tempo e pela capacidade de gerar valor.

Lembre-se: nem sempre o melhor profissional é o profissional ideal para a empresa. É uma questão de saber identificar a diferença. Vamos tentar juntos!

JB

Sobre o Autor

JOÃO CARLOS BARRETO, JB

PhD em Engenharia (área Produção/Transporte) pela Unicamp-SP, Mestre em Administração, Especialista em Qualidade e Administrador de formação. Tem larga experiência de carreira em multinacionais e é atuante nos últimos anos em MPEs como Gestor de Negócios nas áreas de gestão das operações. Autor de mais de 50 produções e artigos publicados em diversas instituições, revistas e congressos. Faz trabalho social com aulas práticas em business inteligence (BI), Excel dentre outras ferramentas tecnológicas.

Torcedor do São Bento de Sorocaba, corredor amador da madrugada porque gosta e é nesse momento que as suas ideias surgem...

Contato: jonnybarreto@gmail.com

APRESENTAÇÃO

CURRÍCULO INCLUSIVO: UM ESTUDO INÉDITO EM BUSCA DO PROFISSIONAL (INFLUENCIADOR) IDEAL

A tecnologia proporcionou ao longo do tempo mudanças de conceitos em diversas áreas de negócio, tais como, finanças, logística, produção, recursos humanos dentre outras.

Sob o ponto de vista dos recursos humanos, o processo de recrutamento merece destaque. Do currículo impresso ao meio digital, a seleção de candidatos foi sendo facilitada pelos recursos tecnológicos. Entretanto, enquanto a forma de atrair candidatos mudou, o modelo inicial de recrutamento mantém-se similar há muitos anos, a partir de currículos com dados pessoais, empresariais e sociais, variando de profissional para profissional e causando certa dificuldade em análise rápida e eficaz.

Com isso, percebe-se a disparidade entre recrutador e profissional, o primeiro buscando rapidez e praticidade e o segundo tentando informar o máximo possível para chamar a atenção. Diante desse cenário, considerando que há necessidade de mudança na etapa inicial de seleção de candidatos, a triagem de currículos, é que se desenvolveu esse Livro.

Assim, percebeu-se a necessidade, após os estudos sobre os currículos, de criação de um score para determinação do nível de capacitação do profissional, além de padronizar essa importante fase do recrutamento.

Com o avanço do estudo, a ideia do Currículo Inclusivo tomou uma forma ainda maior, valendo-se de critério para seleção do profissional, seja para ingresso em uma empresa como funcionário direto ou indireto, para desempenhar atividades como consultoria e afins ou até para até fins políticos com os diversos cargos elegíveis.

APRESENTAÇÃO

CURRÍCULO INCLUSIVO: UM ESTUDO INÉDITO EM BUSCA DO PROFISSIONAL (INFLUENCIADOR) IDEAL

Mas, quem disse que este Livro serve apenas para profissionais em momentos de recolocação?

Com o mercado altamente competitivo, os profissionais empregados devem também analisar continuamente o seu momento de carreira, o que alcançaram e o que podem alcançar. É a partir desses fatores que se propõe o Currículo Inclusivo como um indicador de mercado.

Para isso, foram definidas seis dimensões, considerando desde aspectos relacionados à experiência profissional até o envolvimento com as redes sociais. A partir de suas variabilidades e especificidades, traduzem em uma pontuação (score do influenciador), ou seja, o perfil em que esse profissional se encontra no momento da sua avaliação.

Para os recrutadores, é um avanço no processo de negócio, tornando-o mais ágil e focado. Para os profissionais, uma maneira otimizada de apresentação da sua experiência, redução de custo com confecção de currículo, além da perspectiva de triagem mais equitativa.

Observe que o termo influenciador apareceu como o profissional que assume, a partir do início da segunda década do século XXI, papel muito maior que apenas ser empregado, colaborador ou qualquer outro termo que você prefira adotar. Estar em uma empresa é agregar valor, por meio da transformação do produto ou serviço em algo realmente desejado pelo mercado e, muito mais, desejado pelos envolvidos no processo e as pessoas que fazem parte do cotidiano desses envolvidos. Bem-vindo à era do *hint-branding*.

Precisamos de funcionários que façam mais *hint-branding* e menos *hate-branding*. Comece filtrar pela triagem de currículos!

Capítulo 1 — INTRODUÇÃO

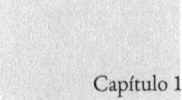

A tecnologia a cada dia surpreende com novos conceitos e facilidades. A chamada indústria 4.0 está aí para mostrar o quanto os produtos e serviços evoluíram. Essa tecnologia está diretamente ligada ao processo produtivo, mudando a forma de se fabricar produtos e oferecer serviços. Então, o conjunto de procedimentos sendo adaptados/inovados/transformados ao longo do tempo para criação de um mesmo produto/serviço trata das tecnologias e das técnicas envolvidas.

Nesse contexto, podemos afirmar que:
- O conjunto de procedimentos torna a tecnologia uma ciência...
- A ciência segue regras tecnológicas...
- As regras tecnológicas dependem de testes e experimentações...
- As experimentações dependem de estudos!

Os estudos, do ponto de vista dos negócios, estão diretamente relacionados à melhoria contínua. Mais que estudos, a melhoria contínua parece ser algo inerente à vida do ser humano. Apesar da sua adaptação ao meio, a busca por melhorar a condição parece sempre ser "obrigatória". Com isso, não importa se é uma mudança simples ou algo complexo, utilizando-se de grandes recursos e tecnologia ou ainda artesanalmente, a mudança sempre vai acontecer!

No mundo corporativo, as mudanças passam, além dos processos produtivos e de serviços, pelo relacionamento com o cliente, a forma de se comunicar dentre muitas outras. Por exemplo, no processo produtivo, a citada indústria 4.0 é um exemplo da transformação ao longo do tempo.

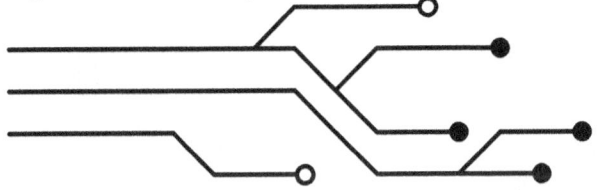

Figura 1: As revoluções industriais

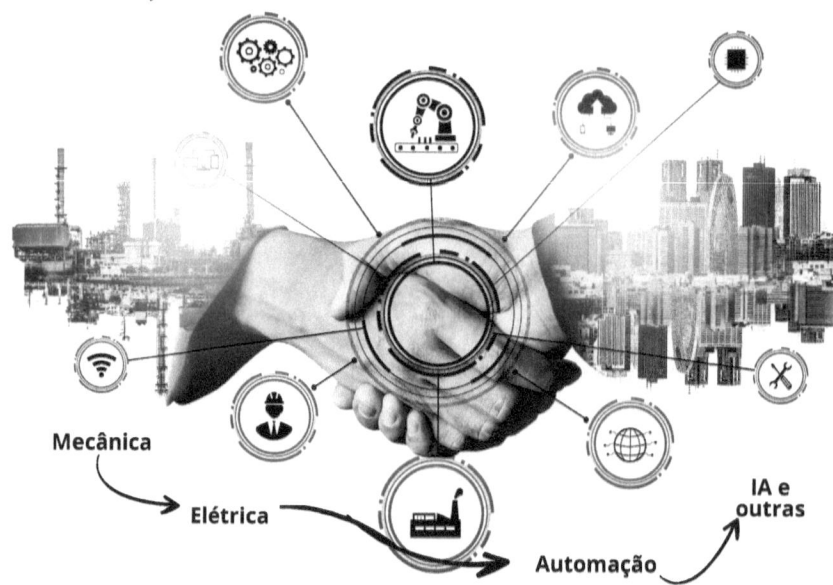

Mecânica

Elétrica

Automação

IA e outras

Fonte: Adaptado de Canva (2020)

Essa quarta revolução, em que o mundo está envolvido, conta com a manufatura aditiva e sua impressora 3D, inteligência artificial (IA), internet das coisas, biologia sintética e os sistemas ciber-físicos. É fato que os impactos da indústria 4.0 sobre a produtividade, redução de custos e outros fatores nas fábricas são significativos, entretanto, mesmo com esses resultados, mantém-se em constantes transformações.

Independentemente da indústria 4.0, as fábricas sempre têm o que ensinar à sociedade e aos negócios. Você consegue perceber o que uma fábrica faz de melhor?
Sem dúvida, começamos com processos bem definidos e a padronização, resultando em organização e outros fatores, tornando-a capaz de disponibilizar milhares de produtos idênticos, melhorar produtividade e reduzir custos.

Dessa forma, entende-se que, se em um processo de produção, a inovação, a tecnologia e os processos bem definidos têm gerado resultados cada vez mais expressivos, em outros campos de negócio não deve ser diferente.

Em áreas como a de Recursos Humanos (RH), em que as atividades podem ser realizadas individualmente (em fábrica isso é menos usual), as perspectivas da evolução tecnológica são diferentes, mas não excludentes, sugerindo análise das ações desenvolvidas. Mas, antes dessa análise, vamos entender um pouco mais sobre o RH.

A área de Recursos Humanos é composta, em geral, pelo Recrutamento e Seleção (R&S), Integração, Avaliação de Desempenho, Treinamento e Desenvolvimento (T&D), Rotinas de Departamento Pessoal, Endomarketing e Ações Estratégicas. Dessas subáreas citadas, a grande maioria passou pela revolução que a tecnologia proporcionou ao longo dos anos e, de certa forma, se modernizou. O melhor exemplo é o Departamento Pessoal, com o uso de pagamentos e registros virtuais.

Outras subáreas ainda passam pela transformação, como é o caso de T&D e o uso de cursos online e presenciais. E há outras subáreas que, apesar da evolução, ainda se adaptam e tentam entender o quanto a tecnologia e as ações implementadas em outros departamentos podem auxiliar. Recrutamento e Seleção (R&S) pode se encaixar nesse processo.

Em R&S, o "S" parece ter a evolução mais aprofundada que o "R". Enquanto a Seleção tem diversos mecanismos para avaliar potenciais candidatos, o Recrutamento, principalmente relacionado ao início do processo, ainda passa por critérios subjetivos. Dessa maneira, uma atividade tão importante quanto recrutar parece ainda atuar em alguns momentos no método artesanal. Isso torna-se mais relevante quando se percebe a falta (ou a escassez) de trabalhos acadêmicos, pesquisas cientificas e afins sobre o recrutamento e a parte inicial dele, a triagem de currículos.

Para se entender a importância de estudos sobre essa temática, é só observar as duas principais partes envolvidas no processo. De um lado, o profissional ansioso por uma oportunidade na empresa (seja como funcionário direto ou prestador de serviço), lança-se ao mercado e disponibiliza em redes sociais o currículo repleto de dados que, sob o seu ponto de vista, são relevantes ao recrutador.

O recrutador, por outro lado, tem reduzido o tempo de triagem dos currículos, sugerindo aos candidatos menos dados e mais informações. Essa disparidade direciona ao *trade-off* típico: menor tempo de triagem x maior efetividade.

Para a resolução desse conflito, o mercado precisa compreender melhor essa relação e buscar alternativas com o propósito de gerar, a partir do processo de recrutamento, candidatos realmente aptos às vagas disponíveis. Aos profissionais, significa ser parte de um processo e às empresas ter a tal efetividade.

Figura 2: Trade-off – triagem x efetividade

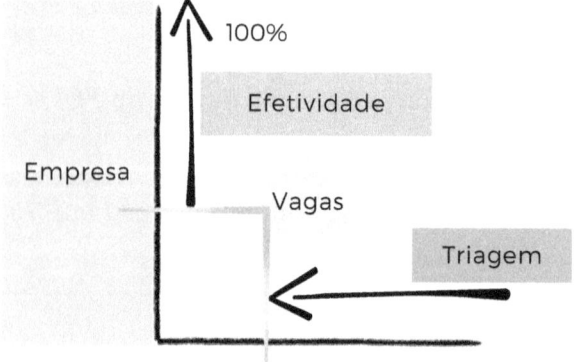

Assim, considerando que a produtividade com efetividade em um processo pode proporcionar equidade no recrutamento do profissional, este Livro propõe um método capaz de gerenciar essa fase tão importante, a triagem de currículos.

Para isso, criou-se uma estrutura de trabalho considerando as seguintes ações:
- Apresentar as técnicas de recrutamento;
- Analisar o modelo atual de currículo;
- Avaliar a implementação de um modelo de triagem de currículo que combine a efetividade que o recrutador necessita com os dados disponibilizados pelo profissional; e
- Propor um sistema de pontuação que possa determinar o perfil e estágio atual de carreira do profissional.

A pergunta que fica é: qual a justificativa para se escrever um Livro como este?

Primeiro, pela necessidade de evolução do método de recrutamento (em relação à fase de triagem), depois pela necessidade de rapidez na captação de potenciais candidatos e, como perspectivas centrais, na necessidade de gerar maior equidade ao processo de seleção.

Surge, assim, a necessidade do Currículo Inclusivo, considerando que há essa lacuna no mercado, propondo a adoção de um método baseado em seis dimensões, visando:

- padronizar o currículo, gerando equidade;
- reduzir custos de confecção, gerando inclusão;
- apresentar uma pontuação para facilitar o processo de recrutamento, gerando efetividade; e
- promover a avaliação de carreira, gerando reconhecimento.

Por outro lado, situações não esperadas como uma pandemia, por exemplo, apresentam outra tarefa complexa ao recrutador: priorizar processos cada vez mais digitais. Com isso, o Currículo Inclusivo tem um grande aliado por ser a maneira de realizar a triagem antes mesmo da ação do recrutador, uma vez que o próprio preenchimento do Modelo já faz esse processo.

Além disso, mais do que processos seletivos digitais, uma pandemia, ora exemplificada, mostra que o profissional é cada vez mais influenciador, caracterizado como o indivíduo que possui aderência aos valores da empresa (cultura organizacional), mas também se adapta às novas realidades de negócio (*home office*, autonomia etc.). Nesse sentido, o Currículo Inclusivo pode ser um filtro inicial poderoso para a busca do influenciador ideal.

Note que influenciador e profissional estão sendo caracterizados como sinônimos e assim será feito em diversos momentos neste Livro, combinando algo comum em tempos de mudança tecnológica recorrente e redes sociais: o impacto do indivíduo no meio em que está inserido.

Para refletirmos... e muito!

Em geral, os economistas acham difícil estabelecer evidências de discriminação no mercado de trabalho. A definição de discriminação é quando pessoas igualmente produtivas são tratadas de forma diferente no mercado de trabalho – no caso, no que diz respeito a ser contratado - simplesmente por causa de sua participação no grupo, seja com base em idade, raça, sexo, etc. Se tal discriminação é baseada em aversão direta ou estereótipos sobre as características do grupo, é ilegal sob as leis de direitos civis dos EUA.

Quando simplesmente vemos resultados diferentes para grupos em dados observacionais, no entanto, pode ser difícil determinar se a diferença surge apenas por causa da participação no grupo - que constitui discriminação – ou por causa de outras diferenças entre os grupos. Por exemplo, no contexto de discriminação por idade, pode-se afirmar que períodos mais longos de desemprego para trabalhadores mais velhos surgem não porque de discriminação na contratação, mas porque os trabalhadores mais velhos estão menos dispostos a aceitar certos tipos de empregos, como empregos com salários mais baixos ou maiores exigências físicas.

Para enfrentar esses desafios de medição, os cientistas sociais desenvolveram testes para contratação com base em discriminação em estudos de "auditoria" ou "correspondência". Esses estudos são projetados para imitar experimentos controlados, criando candidatos a emprego artificiais que têm características idênticas de antecedentes relacionados ao trabalho, além de raça, etnia ou gênero sexual. Portanto, quando eles se candidatam aos mesmos empregos do mundo real, as diferenças nos resultados de contratação são plausíveis, imputável à discriminação.

Fonte: FRBSF. (2017). Federal Reserve Bank of San Francisco. Age Discrimination and Hiring of Older Workers. Disponível em https://www.frbsf.org/economic-research/files/el2017-06.pdf. Acesso em 28/03/2021.

CAPÍTULO 2: O RECRUTAMENTO

estar em uma grande empresa é o sonho de muitos (ou todos) profissionais. Por outro lado, a busca por uma vaga tem sido cada vez mais concorrida e difícil de se alcançar. Isso acontece porque a tecnologia proporcionou mais candidatos por vaga, ressaltando a necessidade de interpretação do recrutamento sob duas visões: do recrutador, tentando decidir rapidamente; e do profissional, tentando apresentar o máximo de dados e, se possível, informações para ser aprovado.

Nessa relação, cria-se o paradigma ainda pouco discutido e que merece atenção, a desconexão entre as partes envolvidas. Uma das justificativas possíveis é a maneira como os currículos são distribuídos no mercado, nos mais diversos modelos, dados distintos, gerando a necessidade de entendê-los quase que individualmente, destoando da rapidez necessária ao recrutador.

Assim, a atenção necessária está em observar:
i. Como o profissional se comporta ao anunciar a sua capacitação e experiência profissional;
ii. Como o recrutador deseja receber aos dados; e
iii. Como os especialistas de mercado sugerem que o currículo seja disponibilizado.

Nessa tríade profissional-recrutador-especialista, o objetivo dos envolvidos deveria ser tempo curto de análise e busca pela efetividade no processo, mas nem sempre é assim, causando, ao longo do processo de seleção, atrasos e, após a contratação, clima organizacional não apropriado, permitindo novamente a disseminação do *turnover*.

Por esse cenário, de certa maneira conflituoso, é que precisamos falar sobre o processo de recrutamento e a sua evolução e necessidade de adaptação contínua.

2.1 A EVOLUÇÃO DO PROCESSO DE RECRUTAMENTO

O recrutamento pode ser definido como a fase inicial da relação vaga-profissional disponível e adequado. A seleção é o aprofundamento de identificação desse profissional, considerando características, habilidades, atitudes e conhecimentos específicos.

> As práticas de recrutamento e seleção vêm sendo examinadas por diferentes autores. Impulsionadas pelo processo de transformações econômicas no mundo moderno, tais práticas terminaram por se constituir em elemento essencial das organizações. Atualmente têm como finalidade principal não mais o simples preenchimento do cargo, como em seus primórdios, estando especialmente voltadas para a contratação dos profissionais mais sintonizados com as necessidades estratégicas das empresas (CARVALHO et al., 2008, p. 5).

Alguns autores defendem que a prática de recrutamento é tão antiga quanto se tem notícia de povos e organização. Apesar disso, segundo Carvalho et al. (2008), os processos eram basicamente voltados à área militar e sem critério definido de escolha, sendo o mais comum a forma física. A partir da Revolução Industrial, no século XVIII, os processos de recrutamento começam a mudar em função da necessidade que se apresentava: mão-de-obra com alguma qualificação.

Com a evolução dos processos de produção, no fim do século XIX e o início do século XX, vários teóricos estudavam sobre a relação humana e as necessidades das fábricas. Dentre eles, destaca-se Taylor ao incluir a seleção científica do trabalhador dentro dos seus princípios da administração (CARVALHO, 2008). A ideia era a de que, se o trabalhador desempenhasse a atividade que tivesse maior aptidão, poderia melhorar a sua produtividade. O recrutamento passava a ter importância fundamental, pois era necessário o profissional estar alocado adequadamente à função que melhor desempenha.

Tempos depois, no início da década de 1981, novos conceitos começam a ser retratados, conforme cita Dutra (2009) ao destacar que, na década que se iniciava, Charles Fombrum e Rothwell já vislumbravam novos conceitos sobre pensar as pessoas na geração de valor para as organizações.

Esse entendimento, contudo, se intensificou, na década seguinte. Assim, o processo evolutivo da gestão de pessoas, na qual se inclui o subsistema de recrutamento e seleção, pode ser visto em três fases.

> Uma primeira fase operacional, em que a pessoa é vista como recurso produtivo e que se iniciou com a era industrial e se prorrogou até a década de 60. Em seguida, aparece a fase gerencial, entre os anos 60 e 80, coincidente com a chamada era da informação, quando a pessoa é vista como ser humano e o papel do setor de recursos humanos é chamado a participar do desenvolvimento operacional. Por último e desde a década de 80 e 90, a era do conhecimento, na qual se enxergam a pessoa e seus talentos como papel estratégico nas organizações (GASPAR, 2016, p. 22).

Sabendo que os recursos humanos são essenciais às empresas, encontrar a pessoa adequada ao trabalho disponível tem sido o grande desafio dos recrutadores desde os primórdios. Sobre isso, Dutra (2009, p. 71) cita que "as organizações estão se tornando cada vez mais complexas, tanto em termos tecnológicos, quanto em termos de relações organizacionais". Essa afirmação sugere que a evolução dos processos de admissão deve seguir os produtivos, financeiros dentre outros que se transformam ao longo do tempo.

De certa forma, o recrutamento e seleção, parte inerente do processo de admissão, também se transformou. Dentre as evoluções, destacam-se:
i. A automatização de processos: Com o crescimento da necessidade de contratação, a automação proporcionou novas formas de avaliação do profissional e redução de tempo.
ii. A inteligência artificial: Assim como no processo produtivo, a IA tem contribuído na área de recursos humanos com softwares que possam fazer a triagem dos candidatos.
iii. Testes online: Como o mecanismo que promove a redução de papel, além de possibilitar o acesso de mais pessoas aos resultados gerados, esses modelos são cada vez mais utilizados pelas empresas.
iv. Entrevistas por vídeo: Com a facilidade dos recursos visuais, a entrevista em vídeo é uma forma de evitar deslocamentos (de profissionais e/ou recrutadores) e aumentar a efetividade no processo de seleção.

Essa combinação de situações se transforma no RH 4.0, considerando algo similar ao percebido na produção 4.0, ou seja, o uso de tecnologias disponíveis para agrega valor ao processo de recrutamento e seleção, proporcionando redução de custos, da burocracia e aumento de produtividade.

Não alheios à evolução e dentro desse contexto, os sites de empregos tentam criar o recrutamento e seleção online, atraindo empresas e profissionais para uso desses recursos, sendo a monetização pelos serviços prestados direcionado, geralmente, às empresas, mas também disponível ao profissional.

Há ainda sites que se desenvolveram como plataformas de relacionamento, as denominadas redes sociais. Algumas se destacam como redes sociais na essência do termo, outras foram direcionadas aos aspectos profissionais. Entretanto, qualquer que seja a rede social, negócios e recrutamentos são realizados diariamente.

> Com o avanço das tecnologias, a utilização da Internet permite que, cada vez mais, a informação seja utilizada pelos gestores de recursos humanos, os quais, muitas vezes, efetuam buscas em sites, como Facebook®, LinkedIn® e Twitter®, para levantar antecedentes dos candidatos às vagas de suas organizações. Vale ressaltar que a utilização de informações vem causando discussões na esfera legal em empresas que operam em países como os Estados Unidos (SLOVENSKY; ROSS, (2012) citado por GASPAR (2016, p. 24).

Algo concebido nessa revolução tecnológica, os bancos de dados de currículos são cada vez maiores e promovem mais candidatos por vaga disponível. A comodidade e facilidade são tantas que o profissional pode se candidatar em vagas que não possui o perfil adequado, mas, pela sua necessidade de emprego, arrisca-se na expectativa de ser chamado para a fase seguinte do processo. Por exemplo, em uma pequena empresa do segmento educacional, a busca por um professor resultou em quase metade dos candidatos excluída por não terem o perfil desejado pela empresa e, em boa parte, nem a titulação exigida para o cargo.

Por outro lado, mesmo com toda evolução e mecanismos disponíveis, os processos de recrutamento ainda mantêm o procedimento de décadas para dar início à seleção: a análise do currículo (de forma cognitiva ou sistêmica) confeccionado pelo próprio profissional candidato à vaga ou por terceiros que os auxilia.

É nesse momento que se percebem, apesar dessa evolução tecnológica, lacunas a serem preenchidas nessa etapa inicial tão importante de seleção de candidatos. A junção tecnologia-empresa-profissional parece que ainda não conseguiu reduzir a percepção de possível falta de critério no recrutamento (na triagem de currículo) e nas respostas aos possíveis candidatos não selecionados às etapas seguintes. Na internet, é possível identificar algumas reclamações sobre esse tema.

Figura 3: Reclamação de candidato

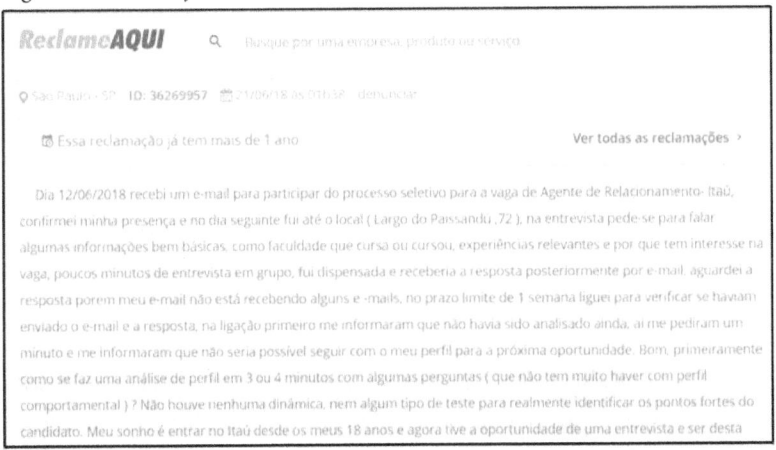

Fonte: Reclame Aqui (2018) - Dados de site. Disponível em https://www.reclameaqui.com.br/randstad/processo-seletivo-precoce-e-sem-aproveitamento-do-candidato_w-qo_LfMtvxjqvfA/. Acesso em 11/01/2020.

A falta de retorno é considerada um dos grandes problemas nessa relação recrutamento e seleção. As empresas, ao não informar a sequência do processo, criam expectativas e, muitas vezes, revoltam os candidatos, ansiosos por uma oportunidade.

A explicação, até de certa forma coerente, é a de que, como a tecnologia facilitou o envio do currículo à vaga disponível, é possível receber milhares de candidaturas em um curto período, dificultando a resposta a todos os envolvidos. Assim, ratifica-se algo ainda pouco discutido: aumentaram-se os candidatos, reduziram-se os prazos do processo de seleção.

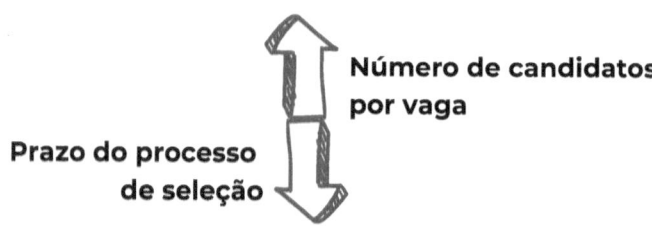

Número de candidatos por vaga

Prazo do processo de seleção

Essa correlação entre aumento de candidatos e redução do tempo de seleção tem gerado possíveis falhas. Para manter o andamento do processo seletivo dentro dos prazos determinados, há possibilidade da análise superficial, descartando potenciais profissionais pela elevada quantidade de currículos recebidos.

O resultado está no mercado, com o currículo analisado em até 30 segundos para ser selecionado ou descartado[1]. O que podemos destacar nessa reportagem, realizada em site especializado em cadastro de currículo e disponibilidade de vagas de emprego, é que, além do tempo mencionado ser bastante reduzido, o profissional deve ter atenção aos dados relevantes (escolaridade é uma delas) que serão disponibilizados em seu currículo.

Mas, se você achou que 30 segundos parecem pouco tempo, e 10 segundos? Segundo outro site especializado na captação de currículo e disponibilidade de vagas de emprego, 30% dos recrutadores eliminam os currículos em até 10 segundos. Ainda segundo o estudo realizado pelo site, apenas 15% dos currículos recebidos são analisados com maior critério e cautela. A pesquisa foi realizada com mais de 400 recrutadores[2].

[1] Disponível em http://g1.globo.com/economia/concursos-e-emprego/noticia/2016/10/veja-o-que-os-recrutadores-mais-olham-no-curriculo.html. Acesso em 11/01/2020.
[2] Disponível em https://g1.globo.com/economia/concursos-e-emprego/noticia/2019/04/16/30percent-dos-recrutadores-afirmam-que-eliminam-curriculo-em-ate-10-segundos-diz-pesquisa.ghtml. Acesso em 23/01/2020.

A média informada nessa reportagem cita entre 6 e 10 segundos o tempo de análise de um currículo e em apenas 21% tempo acima de 1 minuto. A maior parte dos recrutadores leva até 29 segundos para avaliar os dados do candidato (57% do total). Com tempo tão escasso, a reportagem, a partir das respostas dos recrutadores, elencou o que não pode faltar em um currículo:

- Experiência profissional (citado por 80% dos respondentes);
- Formação e cursos complementares (citado por 60% dos respondentes);
- Cargo e/ou área pretendida (citado por 60% dos respondentes);
- Objetivo profissional (citado por 50% dos respondentes); e
- Conhecimento em outros idiomas (citado por 24% dos respondentes)

Mas, o que vemos de fato no mercado?
Uma enxurrada de currículos recebidos pelas empresas apresentando o despreparo do profissional na confecção do documento, seja no design, nos dados disponíveis ou em sua formatação. Apesar de não justificável tal atitude, a consequência deste despreparo pode ser até motivo de gozação por parte de selecionadores, como o retratado em vídeo viralizado nas redes sociais[1].

Independentemente da insensibilidade de alguns recrutadores, o que se pode afirmar é: a difícil relação quantidade de currículos-tempo e análise-tecnologia está no mercado e precisa ser interpretada com mais intensidade. Uma dessas observações está justamente na confecção do currículo, gerado pelo próprio profissional para diversas empresas diferentes, com recrutadores diferentes e expectativas diferentes. O resultado, obviamente, tem sido uma grande quantidade de dados irrelevantes para alguns recrutadores e relevantes e interessantes para outros.

Mesmo os currículos gerados em plataformas digitais, ainda assim percebe-se grande viés de subjetividade pelas diversas informações destoantes de uma plataforma para outra, atingindo, mais uma vez, em maior ou menor grau a expectativa do recrutador.

[1] Disponível em https://vejasp.abril.com.br/blog/pop/polemica-funcionario-curriculos-demitido/. Acesso em 11/01/2020.

Assim, percebe-se no mercado uma série de erros no processo de confecção de currículo que pode comprometer a participação do profissional em processos de recrutamento e seleção e, consequentemente, em sua admissão.

i. Excesso: Duas ou três páginas com dados pouco relevantes aos selecionadores;

ii. Falta de padrão: Os dados são os mais variados e apresentados aleatoriamente no currículo, resultando em múltiplos modelos para um mesmo selecionador avaliar. Este é um problema tão relevante a ser discutido que até os denominados especialistas de mercado não conseguem chegar ao consenso, sugerindo 12 tipos de currículos[1]. Em outro momento, a mesma Revista apresentava 10 tipos à escolha do profissional[2]. Se considerado o intervalo entre as reportagens, houve, em aproximadamente três anos, aumento de 20% nos tipos de currículos disponíveis sugeridos por especialistas, aumentando o trabalho do recrutador ao mesmo tempo em que a tecnologia avançou. Não deveria ser o contrário?

iii. Custo: Muitas pessoas, seja pela falta de habilidade com ferramentas de confecção ou pelo baixo grau de escolaridade, optam por terceiros para desenvolvimento do seu currículo. Em apenas uma busca na internet é possível identificar vários preços para esse serviço, com diferentes formas de atuação[3]. É importante ressaltar que o pagamento é uma opção do profissional e, muitas vezes, não é recomendado, sugerindo recorrer à inspiração de outros currículos, preferencialmente de pessoas empregadas[4].

Por todo esse contexto, conclui-se que, de modo geral, há diversas maneiras de se montar o currículo, sugerindo atenção à escrita, às informações do momento atual do profissional, às experiências profissionais, escolaridade etc. Pela variabilidade, talvez aí esteja um dos grandes problemas da triagem.

[1] Disponível em https://exame.abril.com.br/carreira/12-modelos-de-curriculo-para-baixar-e-preencher/. Acesso em 14/01/2020.

[2] Disponível em https://exame.abril.com.br/carreira/10-modelos-de-curriculo-para-todos-os-gostos-e-perfis/. Acesso em 14/01/2020.

[3] Disponível em https://www.catho.com.br/servicoscatho/carreira/elaboracao-de-curriculo/comprar.php. Acesso em 14/01/2020.

[4] Disponível em https://exame.abril.com.br/carreira/por-que-voce-nao-deve-pagar-para-alguem-fazer-seu-curriculo/. Acesso em 14/01/2020.

Para refletirmos... e muito!

Se um currículo leva em média entre 10 e 30 segundos para ser analisado, é possível afirmar que a sua confecção é relevante, mas não determinante sequer para o seu propósito inicial de conhecimento básico do profissional, condicionando o recrutamento à "sorte de ter o currículo relacionado".

Se você tem dúvida quanto à reflexão, faça um teste: Tente ler o seu currículo, sem qualquer análise, apenas uma leitura corrente de algo que já conhece, e veja o tempo que demorou para isso. Lembre-se que o recrutador está (ou deveria) lendo e analisando ao mesmo tempo.

Obviamente, não é possível generalizar que os processos de recrutamento de currículos são ineficientes, entretanto, em algumas situações, parece ser inerente ao negócio. É importante destacar que não foi considerado neste Livro, de maneira mais detalhada, outras opções dentro do processo de recrutamento como as indicações e/ou processos internos, o que sugerem outros métodos de triagem.

Se você ainda não conseguiu compreender o tão complexo que está o processo de recrutamento e triagem de currículo, avalie os números. Para se ter ideia do desafio do recrutador ao disponibilizar uma vaga de emprego, entenda o porte da empresa e a sua marca, havendo correlação positiva entre tamanho e reconhecimento de mercado e quantidade de currículos recebidos.

Na prática, a marca forte recebe uma quantidade de currículos elevada todos os dias, independentemente de vaga disponível. Apenas em uma delas, líder em seu segmento de negócio no Brasil, foram recebidos em média, em um ano, 230 currículos por dia[1].

---

[1] Informação disponibilizada pela gerência de Recursos Humanos. A empresa não permitiu a divulgação de seu nome

Se considerarmos ao menos 255 dias (de segunda a sexta-feira, dias mais comuns de envio virtual e entrega física), são 58.650 currículos durante o ano, para uma ou mais vagas. Essa empresa tem, atualmente, em torno de 6 mil funcionários, ou seja, quase 10 vezes o quadro total. Em outra empresa de médio porte, a vaga aberta para o seu departamento contábil, com informação clara de que só aceitaria profissionais da região em que a empresa está localizada, atraiu, em uma semana, aproximadamente 200 candidatos. Como não há sistema de cadastro, os currículos foram enviados via e-mail e confeccionados pelo próprio profissional, gerando diversos modelos diferentes.

Assim, o próprio selecionador tem dificuldade em entender qual o perfil necessário à vaga considerando os currículos disponíveis. Mesmo que haja a descrição de cargos na empresa, uso de sistema para cadastro de currículo e informação interna das necessidades, ao analisar os currículos disponíveis e as suas diferenças de dados e layout, o recrutador pode não ter clareza dos potenciais candidatos, fazendo com que o processo seja moroso. Com isso, é comum novas ondas de captação de currículos até a compreensão de atendimento à expectativa ou durante o tempo disponível para a tomada de decisão.

A triagem, apesar da demanda de trabalho cada vez maior pela quantidade de currículos, tem promovido mudanças de comportamento nas empresas. Seja via sistema próprio em que o candidato se cadastra, ou por meio de currículos gerados pelo profissional, a triagem é a atividade que mistura a organização e retenção dos currículos disponíveis com a análise primária do profissional. Na prática, é considerada atividade extremamente operacional e, assim, não praticada pelos líderes diretos às vagas disponíveis. Por exemplo, na empresa de médio porte que recebeu algo em torno de 200 currículos, a triagem foi realizada por uma assistente que, além dessa atividade, também é recepcionista, ou seja, sequer tem o preparo adequado.

A variedade de currículos e dados recebidos fazem com que, muitas vezes, a atividade não seja realizada por profissional especializado (ou com a experiência requerida), envolvendo curto prazo para decisão (escolha do candidato) e baixa capacitação (a análise do candidato), resultando em não

selecionar potenciais profissionais aptos à vaga[1].

De qualquer maneira, a triagem pode ser considerada como uma das mais complexas atividades no processo de seleção, o que deveria direcionar ainda mais atenção. Em empresas com estrutura mais encorpada da área de Recursos Humanos (RH), o analista é quem costuma fazer essa atividade, mas nem sempre é assim. Em uma pesquisa[2] com 5 empresas de médio e grande portes localizadas na região da grande São Paulo, o cargo do profissional que faz a triagem de currículos foi assim definido:

- Em uma delas, é o auxiliar da área;
- Em três delas, é um analista da área; e
- Em uma delas, não há cargo específico para a atividade, então, na maioria das vezes, é realizado pelo assistente administrativo.

Nessa pesquisa, se a primeira pergunta tratou de entender quem fazia a triagem, a segunda procurou saber a motivação pela escolha desse profissional. As respostas foram, em sua maioria, simplesmente pela distribuição das tarefas ou, em menor escala, pelo profissional menos experiente. Em uma delas, o analista é tido como especializado nesse tipo de atividade.

É importante ressaltar ainda que a triagem trata da captação de profissionais dentro do perfil desejado e, mesmo sendo realizado via sistema de cadastro (três das cinco empresas mantém esse procedimento), a atividade demanda tempo pelo volume de currículos recebidos. Sem esse sistema de cadastro, recebendo os currículos via e-mail, pessoalmente ou por outro meio disponível, o tempo para triagem é ainda maior.

Então, podemos chegar à seguinte reflexão:
Até esse momento, podemos afirmar que o conhecimento sobre a diversidade de currículos disponíveis no mercado para melhor interpretação do seu uso é, sem dúvida, o princípio da busca pelo profissional ideal.

[1] Disponível em http://g1.globo.com/concursos-e-emprego/noticia/2012/09/triagem-de-curriculos-e-fase-mais-trabalhosa-na-selecao-diz-pesquisa.html. Acesso em 14/01/2020.
[2] A pesquisa teve apenas como objetivo entender o cargo e perfil do profissional que faz a triagem de currículo, sem utilização de qualquer método científico.

2.2 OS CURRÍCULOS

A rede de contatos (*networking*) pode ser uma porta de entrada importante e mais rápida na busca de emprego. Há quem defenda essa posição, entretanto, nem sempre é possível ser indicado ao cargo pretendido, tornando o currículo ainda a principal ferramenta de apresentação do candidato.

Nesse sentido, temos uma lacuna imensa: Não se fala ou não foram encontrados estudos sobre os currículos do ponto de vista profissional e da sua confecção. Os estudos desse tema estão centrados no currículo como o conteúdo gerado para determinado fim, por exemplo, à formação de uma criança ou de docente. Nesse caso, trata-se do currículo escolar e as perspectivas sobre a sua contribuição.

O resultado sobre a falta de trabalhos relacionados ao tema foi percebido após acesso em sites de busca (Google e Yahoo) e o uso de termos como "currículo dissertação", "currículo tese" e "currículo artigo científico". Além disso, foi realizada busca no catálogo de teses e dissertações da Capes[1], utilizando-se apenas do termo "currículo". Apesar de pequenas variações nos resultados, os temas encontrados foram os mesmos dos sites de busca.

Assim, nas pesquisas citadas e nas buscas em livros, não há ou não foram encontrados estudos sobre o currículo profissional e a sua confecção sob o ponto de vista dos dados disponíveis e relevância, o que pode levar esse Livro à originalidade, produzindo, assim, conhecimento novo. Considerando essa tal originalidade do tema e a evolução dos negócios, propõe-se uma definição sobre o currículo:

O currículo, incorporado à evolução tecnológica e empresarial, pode ser definido pelo conjunto de dados sucintos e relevantes da trajetória (profissional e/ou pessoal) da pessoa com o objetivo de gerar efetividade ao processo de recrutamento e seleção. O seu fim pode ser para vaga de emprego ou ainda para se determinar a capacitação do profissional em um propósito previamente definido.

---

[1] CAPES: Coordenação de Aperfeiçoamento de Pessoal de Nível Superior, vinculada ao Ministério da Educação.

Sob o ponto de vista da vaga de emprego, a confecção do currículo é considerada um dos aspectos mais importantes dentro da carreira e, claro, do processo seletivo. Não importa se a vaga é externa (com candidatos que ainda não fazem parte da empresa) ou interna (com candidatos que fazem parte da empresa), é cada vez mais importante manter o currículo atualizado e o renovar continuamente. Até mesmo aos profissionais que não estão em busca de recolocação, o currículo tem se tornado necessário para a sua apresentação em redes sociais e afins.

2.2.1 O currículo sob o ponto de vista dos especialistas

O entendimento do currículo passa pelos dados necessários e relevantes disponibilizados pelo profissional que promovem maior interesse ao recrutador, gerando aproximação entre as partes. Entretanto, percebe-se que as sugestões disponíveis no mercado estão direcionadas ao layout, sem consenso definido, causando certa dificuldade na escolha do modelo.

Com essa perspectiva, é possível encontrar, além dos modelos desenvolvidos pelo próprio profissional, vários outros disponíveis no mercado, incluindo as opções sugeridas por especialistas no tema. Pati e Gasparini (2019) citam alguns modelos de currículo separados pelo contexto profissional.

Para essa análise inicial, responda:
i. Se profissional, verifique se você já confeccionou um currículo igual ou similar aos apresentados, primeiro considerando o seu momento de carreira ou, caso a resposta seja negativa, considerando qualquer um dos modelos.
ii. Se recrutador, verifique se você consegue analisar o currículo dentro do prazo médio citado pelas pesquisas, algo em torno de 30 segundos.

Agora, a cada currículo apresentado, você responde (profissional, recrutador ou os dois) aos questionamentos acima. Coloque-se, sempre que possível, relacionado ao cargo sugerido.

Figura 4: Currículo – contexto profissional estudante

Nome completo

[Endereço, Cidade, Estado CEP] | [Telefone] | [Email]

Objetivo

- [qual tipo de posição e/ou função almeja?]

Educação

[sempre em ordem cronológica inversa. Da mais recente para a mais antiga]

[GRAU] | [DATA DE OBTENÇÃO] | [ESCOLA]

Idiomas

[especifique o idioma e o grau de proficiência]

Habilidades e Competências

[procure destacar algumas habilidade comportamentais e características pessoais que podem ser importantes para a vaga pretendida]

Experiência

[sempre em ordem cronológica inversa. Da mais recente para a mais antiga. No caso de estudantes, destaque projetos universitários, estágios, experiência em empresas juniores, atléticas e diretórios acadêmicos]

[CARGO] | [EMPRESA] | [DATAS DE - ATÉ]

- Este é o lugar para uma breve síntese das responsabilidades principais e conquistas mais impressionantes.

[CARGO] | [EMPRESA] | [DATAS DE - ATÉ]

Fonte: Pati e Gasparini (2019)

O uso desse modelo é, segundo o especialista entrevistado pelas autoras da reportagem, direcionado aos profissionais que pretendem entrar no mercado por meio de estágios e afins. Por isso, há destaque à formação acadêmica.

Perguntas:
i. Profissional: Você consegue relacionar projetos desenvolvidos em sua formação acadêmica?
ii. Recrutador: Você consegue analisar e selecionar um estudante em 30 segundos?

Figura 5: Currículo – contexto profissional *trainee*

[Inicie o currículo destacando seus dados pessoais. Mencione ao menos dois números de telefone, facilitando dessa maneira o contato entre você e o selecionador].

Exemplo:

NOME DO PROFISSIONAL

Av. Paulista, 1000
02222-222 · Bela Vista · São Paulo · SP
(11) 93333-3333 · (11) 3333-3333
xxxxxx@xxxxx.com.br
xx anos · Brasileiro(a) · Solteiro(a)
Disponibilidade para viagens e mudança

[No campo Objetivo, mencione o cargo de interesse].

Exemplo:

OBJETIVO: **Trainee na área Contábil**

RESUMO DE QUALIFICAÇÕES

[Esse é o item principal de seu currículo, pois você poderá destacar os conhecimentos adquiridos na área de interesse, através da graduação. Utilize de cinco a sete frases de no máximo três linhas cada, iniciando-as com verbos de ação ou com termos como "Habilidade, Conhecimento, Aptidão e Competência", pois assim as informações são dispostas de maneira objetiva e de fácil visualização. Evite citações de características pessoais, pois essas informações devem ser esclarecidas no momento da entrevista].

Fonte: Pati e Gasparini (2019)

A diferença desse modelo em relação ao anterior está na área de interesse, formação e idiomas. Como o profissional já pode estar direcionado à determinada área, há destaque para esse dado. Nesse caso, não necessariamente estamos falando da vocação do indivíduo ou da própria perspectiva de carreira e sim do momento profissional que o direcionou à área de interesse atual. De qualquer maneira, sabemos que esse pode ser o momento de transição, o que inclui manter-se na área atual e até mudar os planos, não apenas por questões de empregabilidade, mas pela vocação percebida.

Perguntas:
i. Profissional: Você consegue relacionar habilidade, conhecimento, aptidão e competência?
ii. Recrutador: Você consegue analisar e selecionar um profissional em 30 segundos?

Figura 6: Currículo – contexto profissional estagiário ou *trainee*

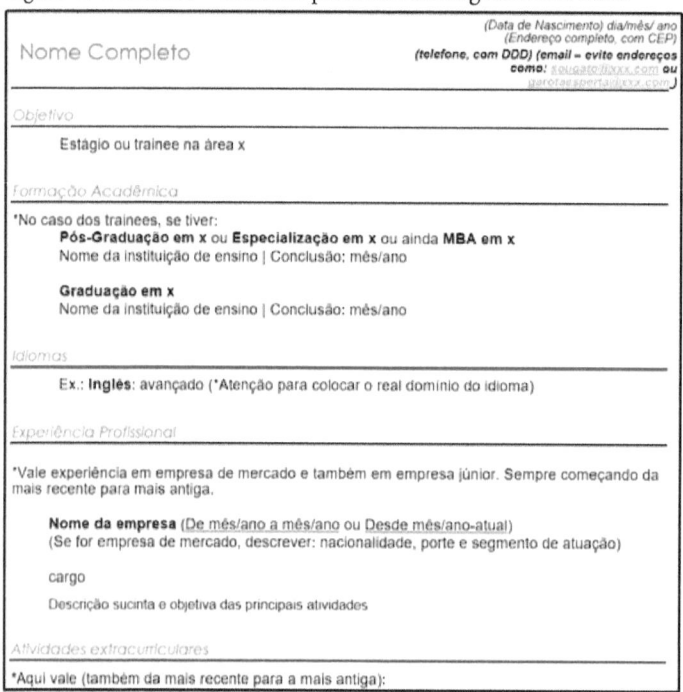

Fonte: Pati e Gasparini (2019)

O especialista entrevistado pelas autoras afirma que esse modelo serve para falar sobre aptidões e habilidades que o profissional adquiriu e que há relação com a área pretendida. Além disso, é possível apresentar trabalhos informais realizados (os sociais, por exemplo) ou a realizar como os cursos de pós-graduação para os pretendentes ao cargo de trainee.

Destaca-se ainda um dilema recorrente: o idioma estrangeiro e o seu domínio. Por mais que básicos, intermediários, avançados e fluentes existam, muitas vezes o profissional não consegue definir, dada a subjetividade, em que nível está e pode ser surpreendido em uma entrevista de emprego, causando certo constrangimento às partes.

Perguntas:
i. Profissional: Você consegue relacionar habilidade, conhecimento, aptidão e competência?
ii. Recrutador: Você consegue analisar e selecionar um profissional em 30 segundos?

Figura 7: Currículo – contexto profissional posições iniciais

Maria de Souza

Tel: (99) 999999999   **Solteira**
E-mail: mariadesouza@email.com
Endereço: Rua de baixo, 55
Data de nascimento: 12/05/1989

Idiomas

> **Espanhol** – Nível avançado. Vivência durante um ano com hispanohablantes
> **Inglês** – Nível avançado. Instituição: Learnet School
> **Hebraico** – Nível intermediário. Instituição: Ulpan Kibbutz de Revivim

Formação

> **Faculdade de Relações Públicas.** UFRGS – conclusão em 2014
> **Bacharelado em Arte Educação.** Instituição: York University

Qualificações

Sempre envolvida na área de teatro e dança, levo estes recursos para a vida profissional nas formas de expressão, facilidade de trabalhar em grupos, bom relacionamento com as pessoas, responsabilidade e espírito de liderança. Paixão por idiomas e novas experiências na área de comunicação, educação e fotografia.

Experiências e Atividades

NOME DA EMPRESA – desde 10/2011

Consultora Júnior
- Identificar as necessidades e demandas de acordo com o perfil e porte do cliente;
- Direcionar consultoria e produtos adequados após diagnóstico das demandas;
- Apresentar os projetos desenvolvidos, como liderança, recursos humanos, marketing, vendas e gestão estratégica;
- Diagnóstico para projetos de pesquisa de clima organizacional, mercado e satisfação de clientes;
- Gestão da carteira de clientes;

Fonte: Pati e Gasparini (2019)

Esse modelo é apresentado pelo especialista entrevistado como mais enxuto, com destaque ao dado sobre cursos complementares, eventos e palestras. Assim como em outros modelos, a sugestão é relatar as ações sociais, com participação direta como atuante ou indireta como doador.

Apesar das ações sociais sempre sugerirem aspectos voltados à assistência ao indivíduo, estenda ao ESG (*environmental, social and governance* - meio ambiente, social e governança) e, caso tenha experiência relacionado ao meio ambiente e governança, cite-as.

Perguntas:
i. Profissional: Você consegue perceber que esse modelo é mais enxuto que os demais?
ii. Recrutador: Você consegue analisar e selecionar um profissional em 30 segundos?

Figura 8: Currículo – contexto profissional analista

XXX
Endereço
Brasileiro, Casado, 27 anos
Celular:
email

Áreas de Interesse: Marketing / Comunicação

◢ **Resumo das qualificações**
- X anos de experiência no mercado
- XXXXXX
- XXXXXX
- XXXXXXX
- X anos de experiência no mercado

Qualificações Técnicas
- Pacote Office - Word, Excel, Power Point - avançados
- Pacote Adobe CC - Photoshop, InDesign, Illustrator - avançados

Formação Acadêmica
- **Pós-graduação em XXXX** Univinersidade XXXX - 12/2012
- **Graduação em XXX** - Universidade XXX (2006)

Idiomas

Inglês: avançado / Espanhol: básico

Fonte: Pati e Gasparini (2019)

Como os analistas podem possuir alguma experiência profissional, a especialista entrevistada pelas autoras sugere utilizar esse modelo pelo espaço disponível para os dados acadêmicos e a própria trajetória profissional.

Como nem sempre o analista é por vocação e sim pelo plano de carreira determinado pela empresa ou a evolução do indivíduo em sua trajetória, o uso desse tipo de currículo está amplamente direcionado à experiência adquirida, ou seja, o profissional precisa saber diferenciar o cargo analista da capacitação analista e, assim, escolher o tipo de currículo mais adequado, incluindo o proposto nesse momento.

Perguntas:
i. Profissional: Você consegue perceber diferenças em relação aos modelos anteriores?
ii. Recrutador: Você consegue analisar e selecionar um profissional em 30 segundos?

Figura 9: Currículo – contexto profissional especialista ou júnior

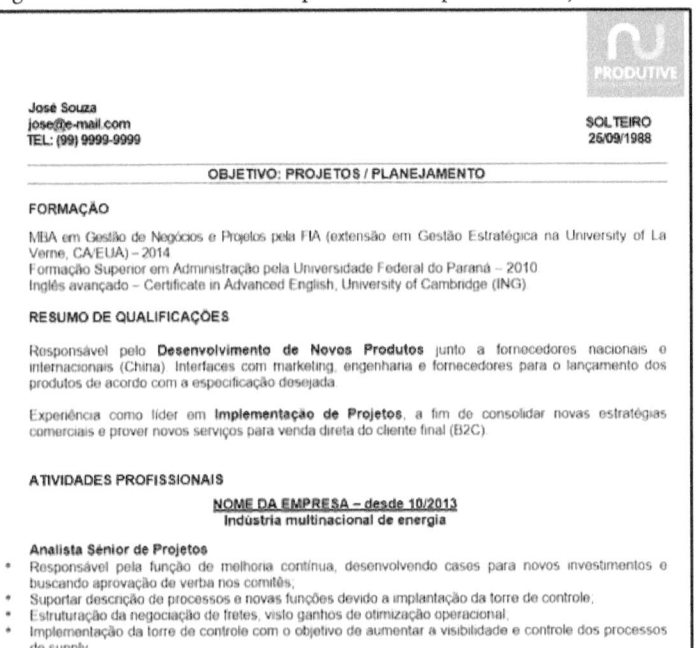

Fonte: Pati e Gasparini (2019)

Esse modelo é, segundo o especialista entrevistado pelas autoras, direcionado aos profissionais que já possuem experiência ou estão ratificando interesse em determinada área, destacando a especialização do profissional.

Observe que nesse tipo de currículo as realizações são mais relevantes do que a relação de empresas ou ainda o tempo de experiência. Esse é um modelo mais próximo da realidade de mercado em tempos de indústria 4.0, em que as mudanças e inovações são recorrentes, fazendo com que os profissionais atualizem constantemente o aprendizado adquirido ao longo do tempo.

Perguntas:
i. Profissional: Você consegue perceber que esse modelo é mais adequado ao cargo?
ii. Recrutador: Você consegue analisar e selecionar um profissional em 30 segundos?

Figura 10: Currículo – contexto profissional gerente

[Inicie o currículo destacando seus dados pessoais. Mencione ao menos dois números de telefone, facilitando dessa maneira o contato entre você e o selecionador].

Exemplo:

NOME DO PROFISSIONAL

Av. Paulista, 333
02222-222 • Bela Vista • São Paulo • SP
(11) 93333-3333 • (11) 3333-3333
xxxxxx@xxxxx.com.br
xx anos • Brasileiro(a) • Solteiro(a)
Disponibilidade para viagens e mudança

[No campo Objetivo, mencione apenas um cargo de interesse. Caso tenha interesse em mais de uma área de atuação, o ideal será elaborar dois (ou mais) currículos, de acordo com os respectivos objetivos].

Exemplo:

OBJETIVO: **Gerente Administrativo Financeiro**

RESUMO DE QUALIFICAÇÕES

[Neste campo, mencione um tópico com no máximo quatro linhas, iniciando a frase com termos de destaque, como por exemplo: Carreira desenvolvida na área .... ou Trajetória marcada..., além disso, mencione as atividades gerais da área de interesse e condizentes com sua experiência profissional. Evite citações de características pessoais, pois essas informações devem ser esclarecidas no momento da entrevista].

✓ Carreira desenvolvida na área **Administrativa Financeira**, com ampla experiência no controle de operações de gestão de faturamento, análise de orçamentos, contas a pagar e receber e fluxo de caixa, acompanhamento do orçado x realizado, elaboração de relatórios, prestação de contas e apuração de resultados, visando à mitigação de perdas e sustentabilidade dos negócios.

EXPERIÊNCIA PROFISSIONAL

[No campo "Experiência Profissional", cite os 10 últimos anos de carreira ou as últimas 5 empresas, destacando o porte e segmento das mesmas. Em seguida, mencione o cargo e promoções conquistadas. Posteriormente, descreva em tópicos as atribuições do cargo exercido, ressaltando as atividades e resultados positivos de ações que realizou ou superação de metas estipuladas].

Fonte: Pati e Gasparini (2019)

Considerando que o profissional já tem qualificação e experiência de mercado, esse modelo destaca a sua trajetória. São sugeridos, segundo a especialista entrevistada pelas autoras, os dados sobre os 10 últimos anos ou 5 últimas passagens por empresas.

O destaque nesse modelo está nas realizações ao longo da carreira, algo nesse momento obrigatório e não mais opcional. Enquanto nos currículos anteriores, destacar os resultados práticos nas empresas em que atuou torna-se importante, agora é fundamental que esses resultados sejam apresentados para a diferenciação em relação aos demais candidatos.

Perguntas:
i. Profissional: Você consegue perceber que esse modelo é mais adequado ao cargo?
ii. Recrutador: Você consegue analisar e selecionar um profissional em 30 segundos?

Figura 11: Currículo – contexto profissional gerente/diretor

FLOW:::

Seu CV é seu cartão de visita para qualquer avaliador. Por isso, é importante planejar o conteúdo e também a forma. Faça uma análise e estabeleça quais são suas fortalezas profissionais. São esses os pontos que devem estar evidenciados logo no início do CV. Procure ser objetivo e sucinto. E faça um documento com um visual limpo e formatação padronizada.

NOME DO PROFISSIONAL

"Natural de", Estado Civil, Idade - Cidade onde reside.
Tel Cel: +55 11 XXXXX-XXXX
Tel Res: +55 11 XXXX-XXXX
E-mail: xxxxxx@xxxx.xxx

.Não há necessidade de incluir endereço completo. Informar a cidade onde reside é suficiente.
.Disponibilize os meios de contato pelos quais é mais fácil te encontrar, como celular pessoal e e-mail frequentemente acessado.
.Deixe o link do perfil no Linkedin como mais uma opção de contato
.Deixe contato para recados somente em caso de extrema necessidade.

FORMAÇÃO ACADÊMICA

- Pós-Graduada em Xxxxx pela Xxxxxx Xxxxxx (ano de formação)
- Graduado em Xxxxx pela Xxxxxx Xxxxxx (ano de formação)

IDIOMAS

- Inglês avançado
- Espanhol intermediário

Agora é o momento de você entender quais são suas fortalezas. Logo depois dos dados pessoais, informe o que há de mais relevante, o que vale a pena ser destacado no seu CV, como, por exemplo:
. Formação acadêmica em instituição de ensino relevante no seu setor de atuação e para o cargo pretendido
. Fluência em idiomas distintos do de sua língua materna
Caso idioma não seja, por exemplo, o seu ponto forte, coloque essa informação no final do CV.

EXPERIÊNCIA PROFISSIONAL

Fonte: Pati e Gasparini (2019)

O modelo é considerado uma transição consistente dentro do currículo, passando dos assuntos operacionais aos resultados gerados. Segundo o especialista entrevistado pelas autoras, o foco está nos dados gerenciais.

Essa mudança precisa ser percebida pelo profissional, entendendo que o recrutador está em busca, nesse momento, da capacitação do líder e dos resultados que ele alcançou ao longo da sua carreira com os liderados. Nesse caso, se possível, não fique apenas nos aspectos quantitativos e estenda aos qualitativos, destacando o desenvolvimento de pessoas.

Perguntas:
i. Profissional: Você consegue perceber que esse modelo é mais adequado ao cargo?
ii. Recrutador: Você consegue analisar e selecionar um profissional em 30 segundos?

Figura 12: Currículo – contexto profissional vasta experiência

---

Aqui vai seu nome – use negrito e fonte maior que o resto do texto
Telefone: +55 xx xxxxx-xxxx (LEMBRE-SE DE COLOCAR O CÓDIGO DE ÁREA)
E-mail: xxxxxxxxxxxxxxxxx@xxxxxxxxxx.com
Endereço: Rua xxxxxxxxxxxxxx, xxxx – Cidade / Estado
Skype: endereço do serviço
LinkedIn: link para o seu perfil
Xx anos, brasileiro (a), casado (a) com disponibilidade para viagens (se for o seu caso)

OBJETIVO: Posição de gerência nas áreas de marketing e vendas nos setores de varejo e bens de consumo
Aqui, escreva um resumo sobre você – de duas a três linhas. Cite sua principal formação – pode ser um MBA ou uma pós-graduação relevante – quantos anos você tem de experiência, em que áreas e setores trabalhou. Inclua algumas competências, como liderança, por exemplo.

RESULTADOS	COMPETÊNCIAS	IDIOMAS
· Cite metas alcançadas ou superadas (meta de vendas superada em 200% em 2014) · Cite algum prêmio conquistado · Cite alguma bolsa conquistada (se não tiver, inclua mais resultados)	· Vendas internacionais · Liderança de equipe · Gestão de projetos · Gestão de fornecedores	· Inglês fluente · Espanhol fluente · Francês intermediário

EXPERIÊNCIA PROFISSIONAL

2014 – atual São Paulo, SP	Nome da empresa, cargo, reporte para líder de marketing e vendas na AL Liste até quatro aspectos relevantes em cada cargo. A seguir, alguns exemplos
2010 – 2014 São Paulo, SP	Nome da empresa, cargo, reporte para o vice-presidente de vendas Liderou a área de vendas local, com equipe de 16 pessoas Alavancou as vendas da área em 200% entre 2012 e 2014

Fonte: Pati e Gasparini (2019)

Esse modelo considera que o profissional, ao ter diversas experiências profissionais para serem destacadas, deve consolidar em quadros para melhor interpretação e análise.

É importante ressaltar que vasta experiência sugere anos de trabalho, o que faz sentido, mas não necessariamente torna-se verdade absoluta, uma vez que, como pode ser observado no currículo, são os resultados e competências os destaques e não o tempo de trabalho. Na prática, o profissional com ascensão em cargos e funções, independentemente da sua idade, pode ter nesse currículo a visibilidade que precisa para ser notado.

Perguntas:
i. Profissional: Você consegue perceber que esse modelo é mais adequado ao cargo?
ii. Recrutador: Você consegue analisar e selecionar um profissional em 30 segundos?

Figura 13: Currículo – contexto profissional CEO

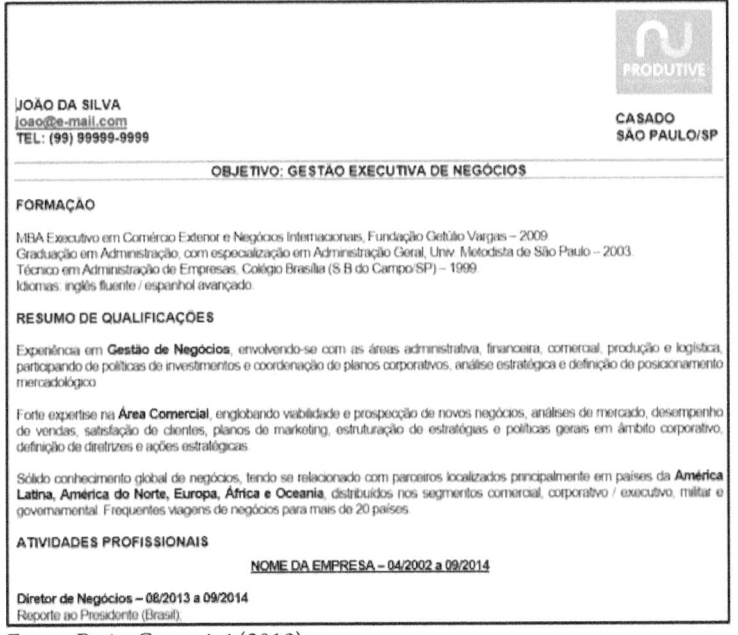

Fonte: Pati e Gasparini (2019)

Esse modelo, pelo contexto do cargo, não deve apresentar muitos dados, pois não é mais requisito obrigatório nesse momento. Sabemos que, nesse estágio da carreira, talvez nem o currículo seja necessário dependendo das empresas em que o profissional atuou, ou seja, quanto mais conhecida a empresa é, no mercado e/ou pelo recrutador, menos a necessidade de apresentar currículo. Entretanto, o currículo serve para ser encaminhado ao *head hunter*, profissional caracterizado como caça-talentos, mas que pode ser fundamental para a recolocação de profissionais que atingem esse nível de cargo.

Perguntas:
i. Profissional: Você consegue perceber que esse modelo é mais adequado ao cargo, considerando que, apesar de mais experiência, é sugerido poucos dados?
ii. Recrutador: Você consegue um profissional para esse cargo considerando os dados disponíveis? Nesse caso, o critério dos 30 segundos ainda é utilizado?

Figura 14: Currículo – contexto profissional carreira acadêmica

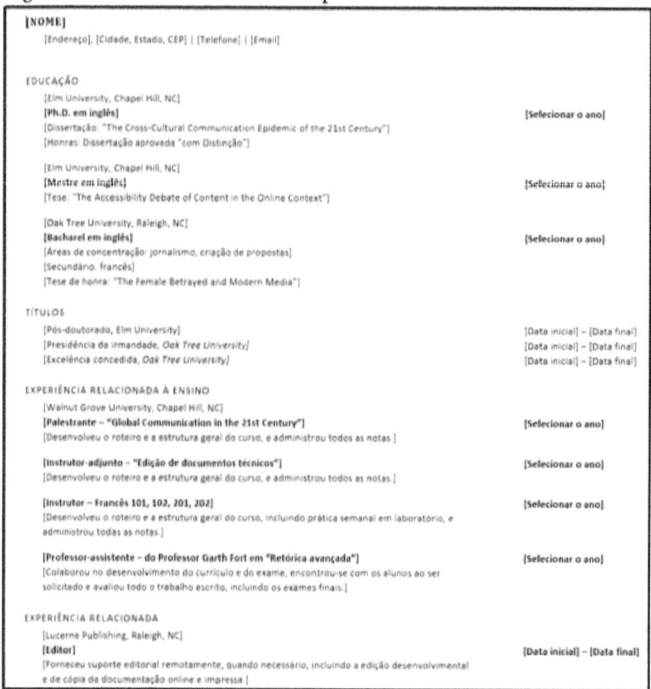

Fonte: Pati e Gasparini (2019)

Apesar do modelo acadêmico ser o instituído pela plataforma Lattes para boa parte das instituições de ensino, a consultoria entrevistada pelas autoras cita esse modelo destacando a formação acadêmica, seguida pelos títulos e experiências profissionais.

Talvez esse seja o currículo menos relevante em todos os modelos, justamente pelo uso recorrente da plataforma Lattes, não fazendo sentido outro modelo diferente do utilizado por todas (ou quase) instituições. Além disso, a própria tecnologia contribui para que a plataforma seja, cada vez mais, integrada, facilitando a análise dos dados do profissional.

Perguntas:
i. Profissional: Você consegue perceber que esse modelo é mais adequado ao cargo?
ii. Recrutador: Você consegue analisar e selecionar um profissional considerando essas informações?

Figura 15: Currículo – design diferente

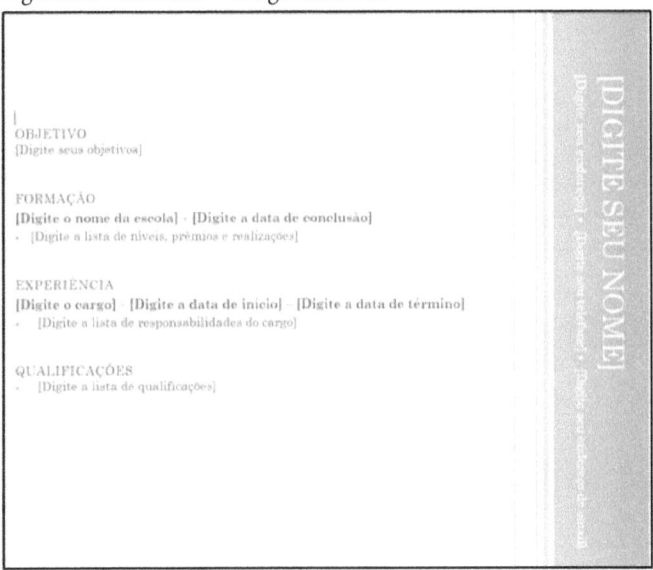

Fonte: Abrantes (2016)

A diferença desse currículo está na maneira como os dados são destacados. A autora pontua que esse modelo deve ser apresentado conforme a empresa, com cores mais neutras se tratar-se de ambientes mais conservadores.

Apesar da sugestão, é bem provável que, considerando as mudanças constantes no mercado de trabalho, esse modelo de currículo torne-se mais convergente com qualquer tipo de empresa, sem necessidade de adaptações de cores em relação ao segmento, tipo de negócio etc. Isso acontece porque, mesmo as empresas mais conservadoras, têm buscado ampliar a diversidade, fazendo com que algumas ações, outrora relevantes, não sejam sequer consideradas. A cor do currículo pode ser uma delas, além de outros aspectos.

Perguntas:
i. Profissional: Você consegue perceber que esse modelo é mais adequado ao cargo?
ii. Recrutador: Você consegue analisar, selecionar e concordar com o critério estabelecido pela autora?

Figura 16: Currículo – foto

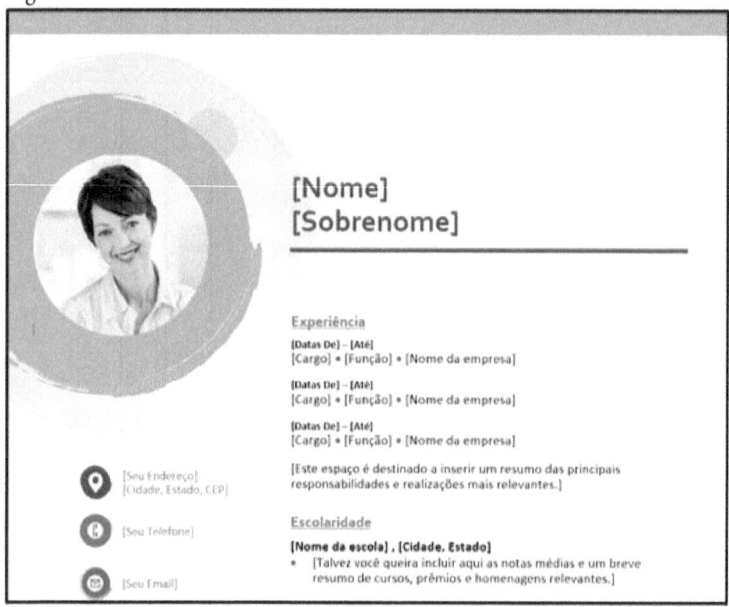

Fonte: Abrantes (2016)

Apesar da foto não ser mais tão usual na maioria dos currículos, ainda pode ser solicitada em funções específicas. Segundo a autora, o ideal é que a foto seja mais formal.

<u>Perguntas</u>:
i. Profissional: Você consegue perceber que esse modelo é mais adequado ao cargo?
ii. Recrutador: Você consegue analisar, selecionar e concordar com o critério estabelecido pela autora?

Agora, ao conhecer todos os modelos sugeridos por especialistas, faça um teste, seja como profissional e/ou recrutador: estabeleça a quantidade de respostas "Sim" nas perguntas logo abaixo de cada tipo de currículo.

Com os resultados, podemos estipular o seguinte critério de avaliação:
- Entre 0 e 4: currículos inutilizados
- Entre 5 e 9: currículos apropriados
- Acima de 9: currículos ideais

Com toda essa farta disponibilidade de modelos de currículos e as suas especificidades, os profissionais ficam em dúvida qual utilizar. Além disso, muitos não possuem habilidades para desenvolvê-lo, considerando o tipo, o design ou ainda o texto a ser informado. Por esses motivos, há no mercado várias ofertas de serviços de confecção de currículos.

Figura 17: Divulgação de oficina de currículos

Fonte: LinkedIn (2020)
Observação: Alguns dados foram apagados e/ou fotos alteradas para garantir a privacidade da pessoa/empresa.

Em rápida pesquisa realizada em uma rede social profissional, alguns anúncios são encontrados. Em um deles, o anunciante não detalha se há ou não cobrança de valor, mas promete auxiliar os profissionais na confecção do currículo. Em outra publicação, apesar do currículo ser essencial, a colaboração está nas dicas para se entender a busca pela vaga.

Nos exemplos, não é possível avaliar a qualidade da contribuição do ofertante, mas é possível afirmar que, em algum momento dessas jornadas, há gasto envolvido, muitas vezes parte do orçamento enxuto em função do desemprego, mas na ideia de que o suposto especialista em currículo tem algo a acrescentar, esse investimento é realizado.

Em um dos depoimentos coletados nas redes sociais, o desabafo e até desespero tomam conta da profissional.

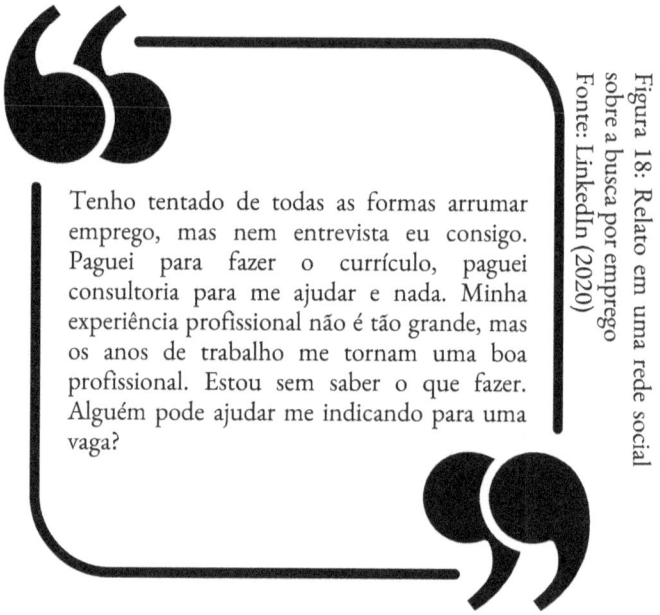

Tenho tentado de todas as formas arrumar emprego, mas nem entrevista eu consigo. Paguei para fazer o currículo, paguei consultoria para me ajudar e nada. Minha experiência profissional não é tão grande, mas os anos de trabalho me tornam uma boa profissional. Estou sem saber o que fazer. Alguém pode ajudar me indicando para uma vaga?

Figura 18: Relato em uma rede social sobre a busca por emprego
Fonte: LinkedIn (2020)

As opções para confecção ou auxílio no currículo, sejam pagas ou gratuitas, são as mais variadas disponíveis na internet, restando ao profissional a escolha mais adequada ao seu momento e objetivo.

O que se percebe é que, de uma forma geral, os modelos disponíveis, mesmo os sugeridos pelos especialistas, podem não alcançar o objetivo principal, "a pessoa certa no lugar certo". Isso acontece porque a opção ao tipo de currículo é de exclusividade do profissional (se essa opção estiver disponível), assim como os dados gerados (se uma aplicação estiver disponível).

Para resolver essa questão, se faz necessário repensar o processo atual de currículos gerados pelos próprios profissionais (mesmo em sistema de cadastro) e considerar mudanças que tenham como princípios:
- A agilidade no processo;
- Um critério fidedigno para recrutamento;
- A redução da disparidade entre a expectativa (recrutador) e a realidade (candidato); e
- Custos envolvidos.

Entretanto, em tempos de desemprego como acontece com a maioria daqueles que está em busca de recolocação, os custos acabam sobressaindo em relação aos demais itens, atraindo os profissionais pelo suposto benefício que os sites especializados e/ou pessoas físicas e jurídicas ofertantes disponibilizam.

Por outro lado, com o curtíssimo tempo de análise do recrutador, esse tipo de serviço precisa passar pela reformulação de conceitos, pois vai se tornando cada vez mais oneroso ao profissional e, do ponto de vista prático, pouco efetivo na correlação gasto e efetividade.

Então, a pergunta que precisa ser respondida é: O que fazer para que haja a interação e alcance do profissional à oferta da vaga?

Para começar, sabemos que as redes sociais, a profissional principalmente, promoveu a possibilidade de autopromoção, fazendo com que o profissional encaminhasse o seu currículo virtualmente aos mais variados profissionais por meio da mensagem direta ou das suas publicações em que tenta chamar a atenção do público que o segue. A efetividade dessa prática é quase nula, mas a busca, nessa situação, é pelo minuto de fama, pela viralização de algo e o consequente engajamento. Não à toa, na rede social profissional, não faltam relatos de superação, conquistas etc., muitos deles soando duvidosos. Em tempos de alta tecnologia e redes sociais, boa parte das pessoas só querem aparecer, não importa como...

De qualquer maneira, independentemente do alcance do profissional, ainda para o recrutador torna-se complexo a análise perfil pela variabilidade dos dados, subjetividades dentre outros fatores. É por esse contexto que é necessária uma nova abordagem sobre o tema, com o objetivo de agregar valor à triagem de currículos (otimização de tempo e efetividade) e gerar uma seleção mais equitativa (comparação idêntica de todos).

Na prática, é envolver os profissionais candidatos em um mesmo conceito, prática e demais observações, diferenciando-os pelas experiências, resultados e perspectivas geradas.

Pode parecer impossível, mas não é!

Para refletirmos... e muito!

O preconceito humano inconsciente torna a contratação injusta. A maneira típica de avaliar os candidatos antes de uma entrevista é através dos recrutadores que revisam os currículos. Numerosos estudos mostraram que esse processo leva a um viés inconsciente significativo contra mulheres, minorias e trabalhadores mais velhos.

Grandes grupos de candidatos estão sendo ignorados. O LinkedIn e outras plataformas de sourcing tiveram tanto sucesso que, em média, 250 candidatos se candidatam a qualquer vaga aberta. Isso se traduz em milhões de candidatos para alguns milhares de vagas abertas. Este processo obviamente não pode ser tratado manualmente. Assim, os recrutadores limitam sua análise do grupo de candidatos aos 10% a 20% que eles acham que serão mais promissores: aqueles que vêm de campi da Ivy League, candidatos passivos de concorrentes de empresas que buscam preencher vagas ou programas de indicação de funcionários. Mas adivinhem? As melhores faculdades e programas de indicação de funcionários são muito menos diversificados do que o grupo mais amplo de candidatos que enviam currículos.

As ferramentas tradicionais de contratação já são tendenciosas (...). Mas se todos os "funcionários bem-sucedidos" são homens brancos, devido a um histórico de práticas preconceituosas de contratação humana, é quase certo que sua avaliação de contratação relacionada ao trabalho tende a homens brancos e contra mulheres e minorias.

(...) Somente usando um processo de topo de funil verdadeiramente automatizado podemos eliminar o viés devido à redução do pipeline inicial para que a capacidade do recrutador manual possa lidar com isso. É chocante que as empresas hoje admitam descaradamente como apenas uma pequena parte dos milhões de candidatos que se inscrevem é revisada.

Fonte: HBR. (2019). Harvard Business Review. Using AI to Eliminate Bias from Hiring. Disponível em https://hbr.org/2019/10/using-ai-to-eliminate-bias-from-hiring. Acesso em 28/03/2021.

CAPÍTULO 3: UMA PROPOSTA DE ESTUDO INOVADOR SOBRE CURRÍCULOS E CARREIRA

Segundo Barreto (2015, p. 79), "em uma pesquisa científica, o método de desenvolvimento contribui para que o pesquisador alcance um resultado que condiz com a sua perspectiva. Entretanto, a escolha é uma tarefa árdua". Gil (2002) classifica a pesquisa em dois grandes critérios:

a) Baseando-se no objetivo geral, estabelecendo a aproximação da teoria com as práticas; e

b) Baseando-se nos procedimentos, estabelecendo uma relação com o ambiente e as variáveis utilizadas.

Quanto à apresentação do método, Godoy (1999) citado por Barreto (2015, p. 79-80) afirma que,

> a expressão "ciências sociais" costuma ser usada para indicar diferentes áreas do conhecimento que se preocupam com os fenômenos sociais, econômicos, políticos, psicológicos, culturais, educacionais, ou seja, aqueles que englobam relações de caráter humano e social. Pois bem, a pesquisa nas ciências sociais tem sido fortemente marcada, ao longo dos anos, por estudos que valorizam a adoção de métodos quantitativos na descrição e explicação dos fenômenos de seu interesse (GODOY (1995) citado por BARRETO (2015, p. 79-80).

Considerando o ineditismo do tema, bem como a necessidade de utilizar-se de um método pré-estabelecido, foi elaborado o modelo para desenvolvimento deste Livro a partir da proposta de utilização do Currículo Inclusivo.

Saiba, antes de entender e aplicar a técnica, que **inclusivo** é uma palavra ampla, relacionada nos últimos anos para ratificar a necessidade de políticas públicas e da sociedade em geral à plena dignidade das pessoas com deficiência (PcD), mas que deve ser aplicada aos mais diversos meios dessa mesma sociedade. Na captação de profissionais não deve ser diferente, tornando-se essencial a discussão da viabilidade e a consequente, se assim aprovada, desse meio de equidade dos processos de recrutamento e seleção, independentemente do porte da empresa.

Figura 19: Desenho proposto de estudo

REFERENCIAL TEÓRICO

- Entendimento da evolução dos processos de comportamento organizacional e de recrutamento
- Conhecimento das técnicas de recrutamento digital por meio da triagem de currículos
- Apresentação dos modelos de currículos disponíveis no mercado

PESQUISA

- Análise dos currículos gerados pelos profissionais em uma rede social
- Apresentação do Currículo Inclusivo como proposta metodológica para a equidade e efetividade dos processos de recrutamento digital

ANÁLISE DE DADOS

- Análise da proposta do Currículo Inclusivo como método de aplicação no recrutamento digital

CONSIDERAÇÕES FINAIS

- Considerações sobre a amostra
- Interpretação dos resultados aliando o Currículo Inclusivo à contribuição da equidade e efetividade em processos de recrutamento digital

Para o contexto envolvido, foi adotado o método de caso de estudo, também denominado de case. Esse método é caracterizado por uma estrutura padrão, porque funciona da seguinte maneira,

> a) Inicia-se o relato com um ou mais parágrafos, colocando a situação problema que quer soluções gerenciais;
> b) Volta-se ao passado para narrar a cronologia da organização-alvo dentro do seu contexto, a origem e evolução do problema que é o objeto de estudo e a história dos atores envolvidos;
> c) Retorna-se ao tempo presente ou passado recente para apresentar ou representar os diversos fatores envolvidos, introduzindo narrativas (ROESCH, 2007 citado por BARRETO, 2015, p. 82).

O autor pontua que o método está diretamente relacionado à tomada de decisão de gestores e empresas em diversas situações, tornando-as problemas organizacionais do cotidiano e atuais.

É importante destacar ainda que, observada a necessidade de mudança dos procedimentos estabelecidos no mercado, têm-se como proposta a criação de um score que funcione como o mecanismo utilizado no processo de triagem de currículo, sendo capaz, a partir da pontuação gerada, atender a expectativa do recrutador ao mesmo tempo que direciona o profissional ao perfil pré-determinado em acordo com o seu momento de carreira.

Para isso, o instrumento de coleta de dados foi baseado em situações de mercado, denominadas neste Livro de Análise Profissional e Dimensões.

A Análise Profissional compreende a análise de currículos captados na maior rede social profissional do mundo e avaliados comparativamente com os modelos sugeridos por especialistas. As seis Dimensões geradas compreendem a definição do perfil e são partes integrantes do score proposto neste Livro. Essas dimensões dispostas consideram três temas importantes ao profissional: sua vivência, sua capacitação e o seu envolvimento e interação com os meios que o cercam.

Assim, as seis dimensões estão assim relacionadas:
1) Escolaridade, compreendendo a capacitação;
2) Experiência Profissional, compreendendo a vivência;
3) Experiência Empreendedora, compreendendo a vivência;
4) Autenticidade Virtual, compreendendo o envolvimento;
5) Tecnologia, Inovação e Negócios (TIN), compreendendo envolvimento; e
6) Relacionamento Virtual, compreendendo a interação.

Para compor os resultados gerados, foram consideradas variáveis individuais para cada item dentro das dimensões e uma variável da própria dimensão. A primeira busca relacionar o grau de importância daquele item para a formação do *score* dentro da dimensão, a segunda é a relevância da dimensão no grupo de dimensões.

Como complementação e para maior compreensão dos dados, os parâmetros utilizados para definição de alguns itens, dentro das dimensões, são descritos abaixo (considere para este Livro e/ou para a *versão virtual do modelo).

Quadro 1: Observações gerais

i. **Inovação e empreendedorismo**
- Na dimensão Experiência Profissional:
- inovação e empreendedorismo = a ideia da empresa em que o profissional contribuiu para a implementação no mercado.
- empreendedorismo corporativo = a ideia do profissional implementada na empresa em que atua.
- Na dimensão Experiência Empreendedora:
- empreendedorismo = a ideia do profissional que foi implementada em sua própria empresa.

ii. **Mapa**
- Cabeça de rota: É a cidade principal que representa um conjunto de outras cidades próximas, limítrofes ou não.

iii. **Comportamentos**
Perfil: Baseado no estudo de Yukl, Gordon e Taber. A hierarchical taxonomy of leadership behavior: integrating a half century of behavior research. Journal of Leadership & Organizational Studies, v. 9, n. 1, 2002.
- Contrato de trabalho: Baseado na formalidade (cargo, salário, função etc.) e informalidade (promessas, perspectivas etc.).
- Soft skills: Baseado no estudo do World Economic Forum. https://www3.weforum.org/docs/WEF_Future_of_Jobs_2023.pdf

iv. **Aplicações**
- SPT: Sistema de processamento de transações (ex.: caixa do supermercado, da loja etc.) para efetivação de uma venda.
- SIG: Sistema de informação gerencial (ex.: Excel, BI etc.).
- SAD: Sistema de apoio à decisão (ex.: Solver, Lingo etc.).

v. **Autenticidade virtual**
- Blog e podcast: Material gerado para artigo em revista, congressos e afins, site ou vídeo, sem exigência científica, sendo considerado um por domínio web.
- Artigo científico, doravante artigo: Material publicado em revistas, congressos e afins com critérios preestabelecidos em pesquisa.
- Material conteudista: Material desenvolvido para uso de instituição de ensino em acordo com o estabelecido entre as partes envolvidas.
- Folheto: Material com mínimo de 5 e máximo de 49 páginas. Para esse relatório, em folheto, NÃO INFORMAR ISBN/ISSN.
- Livro (fonte - NBR 6029): Publicação não periódica, impressa ou eletrônica, contendo texto manuscrito ou impresso, constituindo uma obra completa, de autoria de uma ou várias pessoas, podendo conter ilustrações e outros elementos gráficos, impressos em papel, cartão, tecido, plástico ou outros materiais, encadernados, em capa dura ou flexível, ou não encadernados e, com no mínimo, 50 páginas. Para esse relatório, em livro, INFORMAR ISBN/ISSN.

Como qualquer estudo, há limitações. Neste Livro, a limitação, voltada à aplicação do método proposto, se dá em três esferas:

i. A primeira é pela não aplicação anterior do método, tornando-o inovador sob o ponto de vista dos negócios e da forma de abordagem, já que se utiliza de critérios como as redes sociais para definição do perfil profissional, até então alheias ao processo de seleção de currículo, salvo em funções específicas e não analíticas. Nesse caso, somente a continuidade do método ao longo do tempo pode validar sua efetividade.

ii. A segunda limitação se dá pela possível percepção de invasão de privacidade. Como se trata de pontuação, profissionais com scores menores que outros podem sugerir discriminação. Nesse caso, o método pode não ser aderido por profissionais que se sentem nessa situação ou que não concordam com o próprio score. Para tentar minimizar essa possível ameaça, propõe-se o uso sob responsabilidade e autorização do profissional, com a opção de dados públicos ou privados. Não obstante a isso, é importante destacar que esse tipo de metodologia de pontuação é utilizado em alguns segmentos de negócio com a mesma ou maior exposição, como acontece na análise financeira para a concessão de empréstimos e financiamentos.

iii. A terceira limitação se dá pela não aceitação do método por organizações, empresas ou afins que se beneficiam do processo atual de currículos, com cobranças de valores para a sua confecção. Com a chamada "desgourmetização" do currículo proposta pelo Currículo Inclusivo, tornando-o padrão em qualquer nível hierárquico e, assim, passível de ser gerado por qualquer profissional, mesmo os que possuem pouca habilidade na ferramenta disponível, há, consequentemente, um barateamento ou inexistência de cobrança ao longo do tempo.

A perspectiva com a padronização do modelo de currículo é que haja, com o tempo, serviços pagos para confecção de planilha ou sistemas pré-pronto, mudando completamente o conceito atual de cobrança pelos dados do currículo. A quebra desse antigo paradigma pode sofrer retaliação, pois há perda de faturamento para alguns negócios, todavia, possível geração de receitas para tantos outros. O que de fato se espera é na erradicação do pagamento por dados gerados e valores de cobrança abaixo de 1% do valor do salário mínimo[1] para disponibilidade do serviço de preenchimento e geração de currículo pré-pronto.

[1] Considerado o valor vigente. Disponível em: https://www12.senado.leg.br/noticias/materias/2020/01/31/publicada-medida-provisoria-que-aumenta-salario-minimo-para-r-1.045. Acesso em 02/02/2020.

Assim, este Livro, por meio do método sugerido, se baseia em uma frase para ratificar a necessidade de seu entendimento e posterior aplicação:

"A igualdade é dar às pessoas as mesmas oportunidades. A equidade é adaptar as oportunidades, deixando-as justas. Utilize esses conceitos em um processo de recrutamento e seleção e promoverá a liberdade, ou seja, remover a causa raiz de toda injustiça: o pré-conceito".

Na prática, considerando uma vaga de emprego disponível, isso significa:
- Os currículos em sua confecção são idênticos,
- mas, as capacitações são diferentes,
- o que faz gerar a triagem em acordo com a pontuação,
- promovendo equidade na seleção e
- um resultado mais justo.

Por mais que você tenha a carreira consolidada e acredite que a equidade foi aplicada nos processos de recrutamento em que fez parte, saiba que é uma exceção em um mercado altamente voltado ao que chamamos de *networking*, mas que na prática significa, muitas e muitas vezes, o favorecimento baseado em nepotismo, amizades e até interesses financeiros dentre outros.

Entretanto, não se trata de um modelo que busca o vitimismo, muito pelo contrário, a equidade diz respeito aos aspectos denominados justos, em uma comparação que permite identificar, de fato, os mais capacitados para determinada função. Obviamente, as diferenças entre a realidade dos candidatos (o meio em que vivem, situação financeira etc.) ainda vai estar lá e é determinante na pontuação, mas é preciso destacar que, com o Currículo Inclusivo, abre a possibilidade, dentre outras funcionalidades, de analisar essa disparidade e o impacto desse cenário no mercado de trabalho.

Então, mesmo que a análise de carreira e o processo de recrutamento sejam os principais objetivos desse método, podemos expandir para outras frentes de estudo, possibilitando a contribuição à sociedade ao sinalizar distorções no mercado de trabalho, muitas vezes, imperceptíveis.

CAPÍTULO 4: O ESTUDO SOBRE CURRÍCULOS E A APLICAÇÃO DO MÉTODO CURRÍCULO INCLUSIVO

a busca por um profissional deve considerar alguns fatores como a trajetória em empresas e o aprendizado adquirido ao longo do tempo. Entretanto, com a quantidade de currículos recebidos no dia a dia, essa tarefa tem sido realizada de forma eficiente, mas não eficaz, pelas empresas. A eficiência é alcançada por atender aos requisitos de prazo e perfil do profissional exigidos pelo contratante. Já a eficácia pode não ser atingida pela quantidade de profissionais que se candidatam à vaga e o tempo para a análise mais criteriosa, remetendo à necessidade de revisão desse modo de trabalho.

Em outro momento dos negócios, nascido com a evolução tecnológica, há oferta substancial de produtos e serviços, principalmente em redes sociais, das mais diversas maneiras e pelos mais variados profissionais. Essa diversidade aliada à falta de dados mais precisos dos ofertantes, têm causado imensa dificuldade de escolha às empresas e às pessoas, criando a necessidade em conhecer os profissionais que representam tais produtos e/ou serviços.

No âmbito político, com o crescimento do interesse da população por questões que a envolvem, não é mais admissível desconhecer o candidato que concorre ao cargo público, gerando a necessidade de mais dados básicos acerca das pessoas que pretendem representar uma cidade, um estado ou um país.

As três situações estão relacionadas por uma convicção: Todas dependem do currículo do profissional para que o recrutador tome a decisão. Então, o que isso quer dizer?
Não importa se o currículo é para ingresso em uma empresa, para verificar a legitimidade de quem anuncia prestação de serviços na internet ou ainda para avaliar o candidato ao cargo público, o currículo é ainda a principal ferramenta para análise, avaliação e tomada de decisão sobre um profissional.

Diante desse cenário, este Livro propõe duas ações:

i. A análise dos currículos de profissionais selecionados sob o ponto de vista dos modelos sugeridos pelos especialistas de mercado; e

ii. A criação do método denominado Currículo Inclusivo, visando gerar a pontuação do profissional a partir dos dados que ele disponibiliza, atribuindo assim um perfil capaz de contribuir com os recrutadores, em qualquer âmbito, para a tomada de decisão considerando os aspectos relevantes que cada vaga possui.

4.1 O CURRÍCULO GERADO PELO PROFISSIONAL SOB O PONTO DE VISTA DOS MODELOS PROPOSTOS POR ESPECIALISTAS

Não há ou não foram encontrados estudos específicos sobre o currículo, envolvendo modelos utilizados de apresentação, as diferentes perspectivas do recrutador e/ou profissional ou ainda os dados que são retratados e a sua relevância ao contexto em que o currículo está inserido. O que há ou o que foi encontrado são reportagens e artigos não científicos com sugestões de como se fazer um currículo, incluindo o layout a ser utilizado e o que pensam e o que fazem os recrutadores ao recebê-lo, considerando os dados relevantes e o tempo disponível para análise.

Há, portanto, lacuna entre a expectativa (do recrutador) e a experiência (do profissional) que precisa ser preenchida por meio de estudos mais abrangentes sobre os currículos e como eles são apresentados ao mercado. Para isso, considerando que não há nada similar realizado, se faz necessária a análise mais aprofundada dos currículos disponibilizados por profissionais, gerando assim o referencial sobre o assunto.

Então, para começar, vamos entender a origem da amostra.

Com a tecnologia fazendo cada vez mais parte da realidade das pessoas, a busca pelo currículo de um profissional pode ser concentrada, pela grande quantidade disponível, em redes sociais. Para este Livro, utilizou-se o LinkedIn, considerada a maior rede social profissional do mundo.

Em um segundo momento, foi definida a quantidade da amostra. Para isso, foram consideradas alguns dados de mercado e o uso da estatística:

- Número de usuários no LinkedIn: 31.900.000[1] (nessa realidade brasileira, houve um ajuste de 10% por possível crescimento ocorrido ao longo dos meses seguintes).
- Nível de confiança: 95%
- Margem de erro: 9%
- Proporção: 50%

Para a definição da amostra, foi utilizada a seguinte fórmula:

$n = z^2 * p * (1 - p) / e^2$

Tabela 1: Quantidade de currículos – Amostragem

Proporção	
Nível de confiança	0,95
p	0,50
Erro (e)	9,00%
Z	1,96
Tamanho da amostra	118,6
Amostra utilizada	119

Apesar da amostra definir 119 currículos, foram selecionados 121 currículos (119 que são analisados integralmente e mais 2 pelas particularidades encontradas, que não fazem parte da análise, mas são mencionados posteriormente). Para a seleção dos 119 currículos determinados para amostragem, foram considerados os visualizados de forma aberta (tipo, informações e design) disponibilizados pelos próprios profissionais ou por terceiros na rede social. A escolha dos currículos foi aleatória e pela sequência de aparição, encontrados por meio de busca assim definida:

a) Site: LinkedIn (https://www.linkedin.com/feed/)

b) URL gerada na definição da busca: https://www.linkedin.com/search/results/content/?keywords=meu%20curr%C3%ADculo&origin=SWITCH_SEARCH_VERTICAL

c) Palavras de busca: texto que contém "meu currículo" e "currículo"

d) Data: 21 a 23/01/2020

e) Nos currículos selecionados, como não é possível concluir sobre gênero, foi considerado o nome do(a) profissional e definido como Homem ou Mulher

[1] Disponível em https://veja.abril.com.br/economia/linkedin-alcanca-marca-de-29-milhoes-de-usuarios-no-brasil/. Acesso em 23/01/2020.

Os currículos selecionados tiveram seus conteúdos analisados, desde a idade do profissional até os dados gerais, sendo destacados quando necessários. Por questões de confidencialidade, quando apresentado o currículo integralmente ou em parte, alguns dados foram apagados e/ou fotos alteradas a fim de preservar o profissional, uma vez que não foi solicitada autorização para uso.

Inicialmente, foi possível destacar algumas informações a partir dos profissionais selecionados.

Quadro 2: Dados gerais dos profissionais

Dado	Homem	Mulher
Quantidade selecionada	58,8%	41,2%
Tempo médio de experiência	7,5 anos	6,7 anos
Faixa etária	29,3 anos	28,3 anos
Sem informação de idade no currículo	37,1%	36,7%
Graduado(a)	55,7%	61,2%
Pós-Graduado(a) (MBA)	14,3%	16,3%
Mestre(a)	2,9%	2,0%
Quantidade média de cursos extracurriculares	4,3	4,0
+ de 1 idioma	8,6%	6,1%
Quantidade total de participação em ESG	6	9

Nos dados gerais analisados, percebe-se que a maioria dos profissionais é homem, com tempo experiência superior em mais de um ano quando comparado às mulheres. Por outro lado, as mulheres possuem formação acadêmica mais relevante em nível de graduação e pós-graduação (MBA).

Enquanto os indicadores de formação superior vêm crescendo a cada ano, alcançando mais de 60% das mulheres pesquisadas, o uso do segundo ou mais idiomas ainda é incipiente, não atingindo 10% dos profissionais. Se o perfil sugerido pelos especialistas deve destacar o idioma (currículo contexto profissional estudante, trainee, posições iniciais), há grande lacuna no mercado. Considerando os dados de pesquisa, mais de 29% dos homens e mais

de 48% das mulheres que informaram a idade, estão na faixa etária desses tipos de currículo citados (16-24 anos), tornando ainda mais alarmante a situação.

Outro destaque está na contribuição à sociedade. Os profissionais, por desconhecimento de ser um dado relevante e sugerido por especialistas ou porque não tem atuado nessa tão importante atividade, não fazem, em sua grande maioria, qualquer menção sobre ESG. Das 15 participações citadas por todos os currículos analisados, uma mesma profissional atua em três, ou seja, apenas ela representa 20% do total das práticas ESG citadas. Ao todo, 9 profissionais destacaram que atuam em ESG, representando 7,5% do total. As mulheres são a maioria com 5 profissionais e 9 práticas ESG relacionadas.

Um dos dados que não está disponível em todos os currículos é a idade, omitida por mais de um terço em ambos os sexos, não sendo possível identificar se intencionalmente ou por descuido. Entretanto, considerando os profissionais que informaram esse dado, foi possível gerar uma segmentação por faixa etária.

Quadro 3: Faixa etária – currículos selecionados

De	Até	Homem	%	Mulher	%
16 anos	24 anos	13	29,6	15	48,4
25 anos	34 anos	20	45,4	11	35,5
35 anos	45 anos	9	20,4	3	9,7
46 anos	65 anos	2	4,6	2	6,4

Como os currículos estão abertos, com todo o seu conteúdo disponível a quem tiver acesso à plataforma, sem qualquer restrição, foi presumido que o profissional está desempregado ou com grande interesse em trocar de emprego, pois essa prática de currículo aberto não é usual na rede social pesquisada. Nesse sentido, a faixa etária em busca de recolocação é maior nos homens do que nas mulheres, apesar da média de idade dos profissionais ser similar.

Outro dado importante coletado é a localização do profissional. Como a busca pelo currículo foi em rede social, pretendeu-se entender, a partir da

aparição do currículo, a sua origem. São Paulo lidera com aproximadamente 60% dos profissionais, destacando mais de 30% deles provenientes do interior do estado. Junto com São Paulo, Rio de Janeiro, Minas Gerais e Rio Grande do Sul totalizam mais de 80% dos currículos. Ao todo, 14 unidades federativas estão representadas na análise, corroborando para uma variedade de informações e resultados ainda mais relevantes.

Quadro 4: Origem dos profissionais

Estado de origem	Qtde.	% de participação
SP	72	60,5
RJ	13	10,9
MG	8	6,7
RS	4	3,4
PE	3	2,5
BA	3	2,5
CE	3	2,5
PR	3	2,5
DF	2	1,7
AM	2	1,7
MT	2	1,7
GO	2	1,7
MA	1	0,8
PA	1	0,8

Os demais dados disponibilizados pelos profissionais em seus currículos foram divididos em três partes: Tipo, Design e Informações.

Essas três partes parecem ser, de uma forma geral, os principais pontos a serem destacados no currículo conforme os modelos apresentados pelos especialistas. O Tipo trata do modelo definido pelo profissional (a apresentação dos dados). O Design trata do layout do currículo e a sua facilitação de interpretação dos dados e as Informações tratam dos dados inseridos que compõem o currículo e permitem uma análise posterior.

a) Tipo de currículo

Uma das principais percepções na análise de currículos está na falta de padronização. Como a principal ferramenta utilizada é o Office da Microsoft (Word), apesar dos modelos sugeridos por especialistas, o profissional opta pelo desenvolvimento próprio. É preciso ressaltar que há modelos prontos na ferramenta, assim como em outras como o Canva, todavia, seja por meio de desenvolvimento próprio ou com modelos pré-prontos, o que se percebe é uma variedade de currículos.

Figura 20: Currículo selecionado nº 1

Currículo 1

ÁREA DE ATUAÇÃO

Analista de Projetos e/ou Pesquisa de Mercado

EXPERIÊNCIA PROFISSIONAL

Empresa 1
Analista de Pesquisa Pleno [Mar/2019 - Ago/2019]
Planejamento e condução de pesquisas quantitativas (Hábitos e Atitudes, Teste de Produtos, Conjoit, Elasticidade de Preço, Ideias ou Conceitos etc.) e qualitativas (Bulletin Boards e Discussões em Grupo - On e Off).

Empresa 2
Analista de Projetos Pleno [Jul/2018 - Fev/2019]
Atendimento ao cliente, processamento de dados, criação de relatórios e análise de resultados.

Analista de Projetos Junior [Fev/2017 - Jun/2018]
Elaboração e acompanhamento de cronograma de projetos.

Empresa 3
Analista de Pesquisa de Mercado Junior [Set/2016 - Jan/2017]
Segmentação de painelistas e disparos de pesquisa via CAWI (Computer Assisted Web Interviewing).

Empresa 4
Assistente de Pesquisa de Mercado Sênior [Set/2015 - Set/2016]
Condução de tracking de satisfação no segmento de telecomunicação.

Empresa 5
Assistente de Pesquisa de Mercado Master [Jul/2014 - Set/2015]
Monitoramento semanal de propagandas via Arquivo da Propaganda para execução de tracking de imagem de marca em NET Claro S/A.

Assistente de Pesquisa de Mercado Sênior [Abr/2013 - Jun/2014]
Análise bimestral de dados primários via pesquisa interna de Market Share e dados secundários via Anatel.

Assistente de Pesquisa de Mercado Pleno [Fev/2012 - Mar/2013]
Criação e codificação de questionários, preparação de mailing e consistência de base de dados →
Conhecimento Básico em IBM SPSS Statistics.

Fonte: LinkedIn (2020)
Observação: Alguns dados foram apagados e/ou fotos alteradas para garantir a privacidade da pessoa/empresa.

Esse tipo de currículo é um dos mais utilizados por considerar, pela ordem, os dados do profissional, área de atuação, experiência, escolaridade e informações gerais. Entretanto, há variação significativa do tipo de currículo, alguns mais formais como esse apresentado e outros que tentam chamar a

atenção do selecionador.

Figura 21: Currículo selecionado nº 5

Currículo 5

FULLSTACK JAVASCRIPT DEVELOPER
NodeJS, ReactJS, React Native, PHP and others.

FORMAÇÃO

2019
Bootcamp Stack Javascript (ReactJS,
React Native e NodeJS)
Rocketseat

2011 – 2015
Bacharel em Sistemas de Informação
FEPI - Centro Universitário de Itajubá

SKILLS

✓ Design: Photoshop, Ilustrator e Adobe XD;
✓ Front-end: HTML5, CSS3, Javascript, JQuery, Bootstrap, Responsive Design, AJAX, Gulp, ES6, SASS, Grid Layout, Flexbox, Styled-components, ReactJS;
✓ Back-end: PHP POO, Laravel, Lumen, Socket, API RESTful, NodeJS, ExpressJS, AdonisJS, Documentação e Testes, Jest, Postman, Insomnia Web Services SOAP e integrações a Gateways de pagamento;
✓ Mobile: React Native;
✓ Banco de dados: MySQL, PostgreSQL, SQL Server, MongoDB e Firebase;
✓ DevOps: Docker, Forge e Digital Ocean em servidores Ubuntu;
✓ Gestão: Liderança de equipes, noções de metodologias ágeis como SCRUM e aplicação de KANBAN;
Idiomas: Português fluente e Inglês Técnico;

EXPERIÊNCIA

2016 – 2019
Empresa 1
Fullstack Team Leader
Sócio na startup e líder do time de desenvolvimento. Utilizando o framework PHP Laravel para desenvolver várias APIs e microserviços para integração a marketplaces e transportadoras. Desenvolvendo também plataformas gerenciais de vendas Front-end para exibir todo o processo feito pelas APIs utilizando HTML5, CSS3, Javascript e ReactJS.

10/2015 – 03/2016
Empresa 2
Desenvolvedor Web Front-end
Desenvolvendo sites, sistemas, identidade visual. Front-end e Back-end.

08/2013 – 08/2014
Empresa 3
Programador
Auxiliando no desenvolvimento de apps para Android e desenvolvendo sistemas web responsivos com: HTML5, CSS3, Google Maps API, PHP e Javascript.

08/2011 – 06/2013
Empresa 4
Estagiário de T.I.
• Designer criando tutoriais e layouts de sistemas;
• Desenvolvedor web, desenvolvendo soluções integradas ao SAP e suporte;
• Criação de backup de bases SQL Server em servidores;
• Analista e auxiliar SAP, analisando necessidades, desenvolvendo relatórios e soluções para ajudar na otimização de processos.

Fonte: LinkedIn (2020)
Observação: Alguns dados foram apagados e/ou fotos alteradas para garantir a privacidade da pessoa/empresa.

Apesar de ser um tipo de currículo em que separa a formação e cursos extracurriculares de um lado e experiência profissional do outro, não há modelo similar sugerido pelos especialistas. Outra característica a ser destacada é que o tipo de currículo escolhido pelo profissional está diretamente relacionado à quantidade de dados que ele deseja disponibilizar.

Figura 22: Currículo selecionado nº 28

Currículo 28
31 ANOS

Currículo 28

OBJETIVO
—
Docente de Enfermagem

RESUMO PROFISSIONAL
—
Mestre em ciências pela Escola de Enfermagem da Universidade de São Paulo, especialista ao nível de residência em enfermagem em cardiopneumologia de alta complexidade pela Escola de Enfermagem da Universidade de São Paulo / Instituto do Coração do HCFMUSP e Graduado em enfermagem pela Universidade Anhembi Morumbi. Atualmente enfermeiro referência em unidade de terapia intensiva do hospital Vila Nova Star. Possuo experiência como docente de enfermagem na escola de educação permanente do Hospital das Clinicas da Faculdade de Medicina da USP e fui enfermeiro pleno por 4 anos no Hospital São Luiz. Sou membro efetivo do grupo de pesquisa em trauma da Escola de Enfermagem da USP. Tenho experiência na assistência de enfermagem ao paciente crítico, clinica médica e a emergências cardiovasculares.

EXPERIÊNCIA

Empresa 1
Abril/2019 – até o presente momento.
Principais atividades:
- Multiplicador de cursos e treinamentos;
- Suporte para supervisor de enfermagem da UTI;
- Suporte para educação continuada;
- Execução de rotinas administrativas da unidade;
- Execução de rotinas assistenciais quando necessário;
- Elaboração de fluxogramas e protocolos assistenciais.

Empresa 2
Abril/2015 – Abril/2019
Principais atividades:
- Assistência de enfermagem aos pacientes gravemente enfermos;
- Cobertura de supervisão do noturno;
- Multiplicador da educação continuada.

Empresa 3
Setembro/2018 à Fevereiro/2019.
Professor do curso de enfermagem nas disciplinas de assistência ao paciente critico, enfermagem em emergências e enfermagem em clinica médica. Supervisor do estágio em UTI no Hospital das Clinicas da FMUSP.

Empresa 4
Março/2013 à Março/2015
Atuação como enfermeiro nas UTI's clinica, coronariana, cirúrgica e neonatal, pronto socorro, centro cirúrgico e unidades de internação promovendo assistência de enfermagem (cuidados integrais e administrativos) aos pacientes portadores de patologias cardiopulmonares complexas.

Fonte: LinkedIn (2020)
Observação: Alguns dados foram apagados e/ou fotos alteradas para garantir a privacidade da pessoa/empresa.

Por outro lado, apesar de serem similares, os currículos apresentam particularidades que os diferem. Nesse tipo, há um resumo destacando a experiência, que é citada ao lado mais detalhadamente. Os especialistas sugerem esse tipo de currículo direcionado ao contexto profissional de vasta experiência e CEO, o que parece não ser o caso do profissional pelos dados informados.

Outro tipo de currículo disponível e utilizado pelos profissionais é o retirado de sites que promovem divulgação de vagas e cadastro dos pretendentes.

Figura 23: Currículo selecionado nº 51

Fonte: LinkedIn (2020)

Observação: Alguns dados foram apagados e/ou fotos alteradas para garantir a privacidade da pessoa/empresa.

O último tipo de currículo é caracterizado pela informalidade, alcançando cada vez mais espaço e aceitação no mercado.

Figura 24: Currículo selecionado nº 53

PERFIL

Currículo 53

PEDAGOGA
22 anos, Solteira

Currículo 53

FORMAÇÃO

Currículo 53

Formação complementar em Administração de Sistemas e Instituições de Ensino
2015 - 2019

Curso complementar: Aberto a Distância **Neuropedagogia** 60h Universidade

Currículo 53

COMPETÊNCIAS

Gosto de me comunicar, tenho capacidade de aprendizagem e adaptação, facilidade na relação e no cuidado com crianças, entusiasmo na área da educação, principalmente em docência, no desenvolvimento das crianças frente a ação docente estruturada e planejada, e nos processos administrativos que acontecem dentro das escolas e nos sistemas de ensino.

Empresa 1

Experiência com montagem de cursos EaD na plataforma *moodle*; análise de projetos educacionais; elaboração de atividades; edição de vídeos dentre outras atividades.

Empresa 2

Auxílio à professoras de 1º ano do Ensino Fundamental durante as aulas no desenvolvimento de atividades voltadas para a alfabetização das crianças.

Empresa 3

Suporte à atividades acadêmicas de professores, como, pesquisa; análise de relatórios do ENADE; confecção de tabelas e gráficos; confecção de artigo; apresentação de trabalho, etc.

EXPERIÊNCIAS

Estágios obrigatórios
Gerência de Educação da Regional Barreiro; Ensino Fundamental, auxílio à turma de 2º ano; Educação Infantil com acompanhamento à turma de Maternal III, dentre outras experiências que a Faculdade proporcionou no ambiente educacional.

PUBLICAÇÃO

Currículo 53

Fonte: LinkedIn (2020)
Observação: Alguns dados foram apagados e/ou fotos alteradas para garantir a privacidade da pessoa/empresa.

Esse tipo de currículo contém figuras para determinar cada parte. Com isso, a profissional tenta criar um jeito mais leve para trazer os dados que necessita apresentar.

Não é possível afirmar precisamente, em todas as situações, qual tipo de currículo foi utilizado em acordo com os modelos propostos pelos especialistas, todavia, considerando as similaridades, foi possível gerar um indicador alocando cada currículo analisado ao(s) tipo(s) de currículo(s) correspondente(s).

Tabela 2: Tipos de currículo

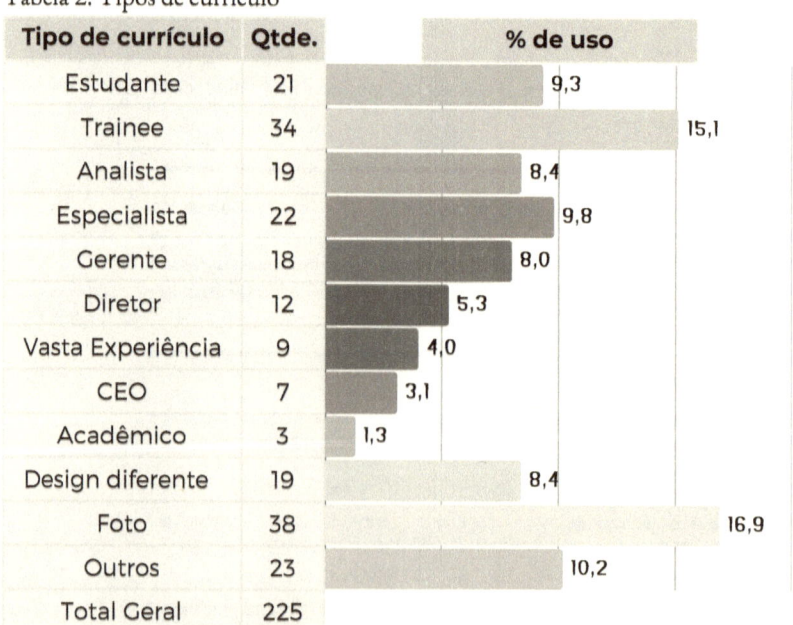

Tipo de currículo	Qtde.	% de uso
Estudante	21	9,3
Trainee	34	15,1
Analista	19	8,4
Especialista	22	9,8
Gerente	18	8,0
Diretor	12	5,3
Vasta Experiência	9	4,0
CEO	7	3,1
Acadêmico	3	1,3
Design diferente	19	8,4
Foto	38	16,9
Outros	23	10,2
Total Geral	225	

Apesar de 119 currículos analisados, foram relacionados 225 tipos de currículos. Isso acontece porque alguns deles, ao não se encaixar totalmente em um modelo, foram alocados em quantos fossem necessários. Assim, apenas cinco currículos foram definidos em mais de 2 tipos.

Dentre os resultados gerados, percebem-se algumas características:
- O tipo Trainee é bastante utilizado, mesmo que a vaga procurada não pareça ser algo similar à função.

- O tipo Diretor não está diretamente relacionado ao cargo, assim como acontece com o tipo CEO.
- O tipo Outros, que serviu apenas para esse indicador, diz respeito aos currículos que podem ter se encaixado em um tipo, mas que faziam parte de outro tipo de currículo não citado pelos especialistas.
- O tipo Foto, apesar da especialista citar não ser mais relevante imagens, ainda foi utilizado por 38 profissionais, ou seja, mais de 30% do total.
- O tipo Design, que tem aumentado cada vez mais com o avanço da tecnologia e dos recursos disponíveis, alcançou 19 modelos distintos, demonstrando como a variedade pode facilitar ou dificultar a análise do recrutador.

Assim, ao final dessa parte é percebido que, apesar das sugestões do tipo de currículo para cada momento da carreira, os profissionais acabam utilizando-se da comodidade (considerando que o tipo desenvolvido é mais fácil de ser confeccionado) ou, em situações mais específicas, de suposta originalidade.

b) <u>Design de currículo</u>
O design pode ser definido como a "disciplina que visa a criação de objetos, ambientes, obras gráficas etc. que sejam ao mesmo tempo funcionais, estéticas e estejam em conformidade com as demandas da produção industrial"[1]. Ainda na definição sugerida pelo dicionário encontra-se "representação de algo com propósito específico" e "criação gráfica e esquemática que representa algo (...)".

O currículo passou pela transformação do design. As facilidades da tecnologia, oferecendo novas e acessíveis aplicações que deixam o currículo menos burocrático, tem atraído os profissionais e vem mudando os conceitos. Em alguns casos, os profissionais possuem mais de um tipo de currículo, incluindo um mais formal e outro de certa forma mais despojado. Tal procedimento foi percebido com o currículo nº 4, ao aparecer três designs diferentes na *timeline* da rede social profissional.

[1] Disponível em https://www.dicio.com.br/design/. Acesso em 24/01/2020.

Por outro lado, a definição de design diz respeito à conformidade com as demandas. Se considerarmos o tempo médio de análise de um currículo, até 30 segundos, não há dúvida que o maior desafio é conciliar o design à possibilidade de rápido entendimento do recrutador, pois, esse indivíduo pode estar familiarizado com tipos distintos de currículo.

Para se entender um pouco mais dessa nova tendência, foi preciso analisar os currículos e classificar os diferentes designs encontrados em quatro grupos.

Tabela 3: Design de currículo

Design	Qtde.
Formal	100
Conservador	8
Moderado	9
Arrojado	4*
Total	121

*Observação:
Para melhor interpretação desse tipo de currículo, 2 novos profissionais foram adicionados, mas eles não fizeram parte das demais análises, mantendo-se os 119 estabelecidos.

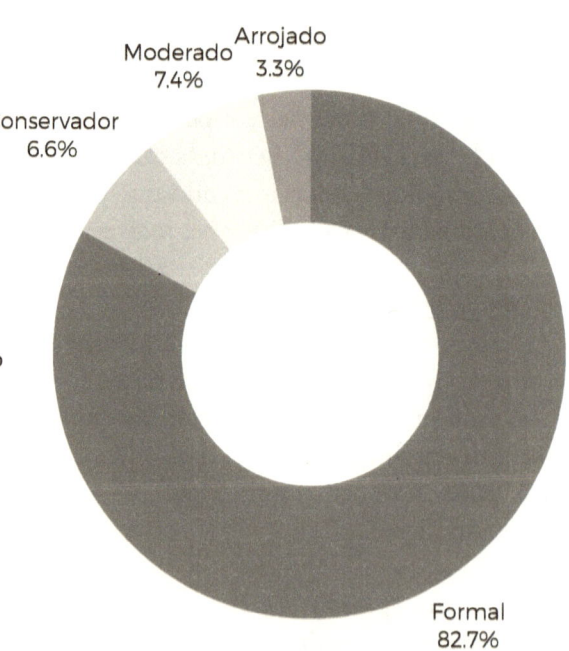

A classificação proposta sugere:
- Formal: O modelo tradicional já foi destacado pelos especialistas, com particularidades em seu desenvolvimento, mas mantendo o padrão.
- Conservador: O modelo propõe a adoção de alguns pequenos elementos como figuras, símbolos etc., além do layout diferente que busca a facilitação de análise do recrutador. Nesse tipo, percebe-se ainda que os profissionais tentam chamar a atenção para aspectos relevantes da carreira.

Figura 25: Currículo selecionado nº 22

Currículo 22

Engenheiro Civil
Casado
Sou profissional de engenharia Civil. Tenho perfil dinâmico, pensamento estratégico e habilidades gerenciais com especialidades em gestão, qualidade e Projetos.

Disponibilidade para trabalhar em outros estados e viajar.

Currículo 22

⬛ QUALIFICAÇÃO

Carreira desenvolvida na área de engenharia, atuando na prospecção e relacionamento com clientes, planejamento de projetos e laudos de edificações, atendendo clientes de Brasília e região. Tenho experiência em planejamento e execução de projeto. Sou profissional focado no cumprimento de metas com alta capacidade de realização, senso de urgência, colaborativo e comprometido com o desenvolvimento das pessoas, produtos e processos.

⬛ EXPERIÊNCIA PROFISSIONAL

Autônomo - Engenheiro. 2015 até o presente.

Trabalho na prospecção e relacionamento direto com o cliente, atendendo necessidades de recuperações estruturais, construções de novas edificações e resoluções de problemas com notificações em geral.

Empresa 1

Engenheiro Civil Responsável Técnico, trabalho com a execução de projetos diversos e dando auxílio na gestão de obras da empresa.

Empresa 2

Exercia as atividades de Levantamentos de Materiais, Realização de orçamentos, Medições para pagamentos de empreiteiros, Controle da Qualidade, Conferência de serviços, check-list final do empreendimento e relatórios de situações do andamento da obra em geral.

⬛ PRINCIPAIS EXPERIÊNCIAS

Prospecção e relacionamento com novos clientes.

Gestão de projetos, gestão da qualidade, gestão financeira, levantamento de materiais, conferência de serviços.

⚙ FERRAMENTAS

Pacote Office e Excel
Autocad
TQS
Revit
Sienge

⚙ COMPETÊNCIAS

Planejamento de Projetos Cadista
Gerenciamento de Obras Gerenciamento da Qualidade
Orçamento de Obras
Trabalho em Equipe

⬛ FORMAÇÃO

Estruturas de Concreto Armado e Fundações – Inbec – 2017-2019
Graduação em Engenharia Civil – UDF. 2015
Téc. em Sistemas de Informações – Escola Técnica da Ceilândia. 2009

⬛ CURSOS COMPLEMENTARES

Orçamentos de Obras – Curso Orçamento de obras na Prática
Excel Avançado – ETC
Autocad 2D, 3D – UDF

Fonte: LinkedIn (2020)
Observação: Alguns dados foram apagados e/ou fotos alteradas para garantir a privacidade da pessoa/empresa.

A proposta desse design é destacar a qualificação do profissional, alertando o recrutador sobre as experiências e competências adquiridas ao longo da carreira, mantendo a formação e os cursos extracurriculares na parte de baixo do documento. Percebe-se ainda que, no currículo selecionado, utilizou-se uma página para consolidar todos os dados.

- Moderado: o modelo propõe, além das figuras e símbolos, um layout mais diversificado, o uso de cores para destacar pontos importantes e, em alguns casos, a inclusão de foto, retratando, geralmente em uma página, os dados do profissional.

Figura 26: Currículo selecionado nº 16

Currículo 16

BIBLIOTECÁRIA

Currículo 16

FORMAÇÃO

BACHAREL EM BIBLIOTECONOMIA E GESTÃO DE UNIDADES DE INFORMAÇÃO

UNIVERSIDADE FEDERAL DO RIO DE JANEIRO

BACHAREL EM JORNALISMO (INSCRIÇÃO TRANCADA)

CENTRO UNIVERSITÁRIO CARIOCA

QUALIFICAÇÕES

MICROSOFT OFFICE ● ● ● ● ○
INGLÊS ● ● ● ● ○
ESPANHOL ● ● ○ ○ ○

COMPETÊNCIAS

- CATALOGAÇÃO
- INDEXAÇÃO
- NORMALIZAÇÃO
- GESTÃO ELETRÔNICA DE DOCUMENTOS
- MARKETING DIGITAL
- GERENCIAMENTO DE PROJETOS

EXPERIÊNCIAS

- Empresa 1
  - ASSISTENTE DE GESTÃO DA INFORMAÇÃO I (TEMPORÁRIO)
  22/07/2019
  17/08/2019

- Empresa 2
  - EDITOR DE CONTEÚDO WEB (VOLUNTÁRIO)
  12/06/2019
  ATUAL

- Empresa 3
  - AUXILIAR DE BIBLIOTECA
  19/11/2019
  19/03/2019

- Empresa 4
  - ESTÁGIO EM BIBLIOTECONOMIA
  22/05/2017
  22/05/2019

CERTIFICAÇÕES

- A ARTE DE FALAR EM PÚBLICO (CIEE)
- PLANEJAMENTO DE CARREIRA E EMPREGABILIDADE (CIEE)
- ESTRATÉGIAS DE ATUAÇÃO EM EQUIPE (CIEE)
- QUALIDADE NO ATENDIMENTO AO CLIENTE (CIEE)
- GERENCIANDO SEU MARKETING PESSOAL (CIEE)

DINÂMICA, PRÓ-ATIVA, COMPETENTE, ORGANIZADA, TRABALHO BEM EM EQUIPE, APTA PARA ACEITAR NOVOS DESAFIOS E TRABALHO BEM SOB PRESSÃO.

Fonte: LinkedIn (2020)

Observação: Alguns dados foram apagados e/ou fotos alteradas para garantir a privacidade da pessoa/empresa.

Nesse design, a proposta do currículo é alternar cores e dados, enfatizando as certificações e experiências adquiridas, mas sem detalhá-las. Na separação dos currículos por design, esse foi o que mais alcançou profissionais, a explicação pode ser a extrapolação ao senso comum. É possível afirmar ainda que, nesse tipo de currículo, os profissionais diretamente relacionados à atividade do design ou áreas afins podem ter mais aderência.

Figura 27: Currículo selecionado nº 47

Currículo 47

Designer

Acredito que não existem limites no ramo do design, afinal para mim, design é trazer propósito, é solucionar, com estética, um projeto. Inserida nesse conceito meu objetivo é conseguir exercer minha profissão sem limitações, quero inovar e aprender com minhas falhas.

• 20 de Dezembro de 1998

* Currículo 47

•

•

•

Formação

Currículo 47

2012 - 2015

Design na Universidade Mackenzie cursando | 7º semestre

Intercâmbio em Design e Moda: IPCB, Castelo Branco - Portugal fevereiro - dezembro de 2019

Portfólio

Experiência Profissional

Empresa 1
área de Comunicação e Marca Global
Gestão de marca institucional global.
Desenvolvimento de material gráfico para diretoria e diferentes áreas da empresa.
Suporte em design na coordenação de campanhas internas e externas.
Desenvolvimento de layouts em materiais institucionais, stands e folders, etc.
junho de 2017 - fevereiro de 2019

Empresa 2
área de criação gráfica e marketing
Desenvolvimento de peças gráficas, gerenciamento de redes sociais de clientes.
Criação e suporte na marca e materiais institucionais.
Suporte na edição e atualização do site.
abril de 2016 - maio de 2017

Empresa 3
Designer gráfica
Criação de peças gráficas para apresentações, instagram e materiais institucionais.
março de 2019 - julho de 2019

Empresa 4
área de marketing e redes sociais
janeiro de 2016 - julho de 2019

Fonte: LinkedIn (2020)
Observação: Alguns dados foram apagados e/ou fotos alteradas para garantir a privacidade da pessoa/empresa.

Apesar de ser tendência o seu uso para profissionais em áreas menos formais, os currículos selecionados com esse design possuem profissionais em áreas distintas:

- currículo selecionado nº 53: profissional da área da educação
- currículo selecionado nº 63: profissional da área de compras
- currículo selecionado nº 67: profissional da área de engenharia/docência

• Arrojado: o modelo propõe mudança total na confecção do currículo, buscando alinhar os dados necessários, a tecnologia, os recursos disponíveis e outros aspectos relevantes do momento. Por essas particularidades, foi necessário acrescentar dois currículos que fazem parte do Estudo e outros dois, que não fazem parte, mas foram encontrados na *timeline* da rede social profissional no momento das buscas.

Os dois currículos que fazem parte da análise ampla desse Livro pretenderam, de alguma forma, se aproximar das funções que desempenham. A primeira profissional está na área de gestão de pessoas e utilizou-se principalmente de figuras e símbolos para destacar a sua experiência profissional, os seus interesses e, como a própria profissional cita, as suas paixões. Além disso, foi utilizado o QR Code para direcionamento mais aprofundado dos dados, caso o recrutador tenha interesse.

Figura 28: Currículo selecionado nº 7

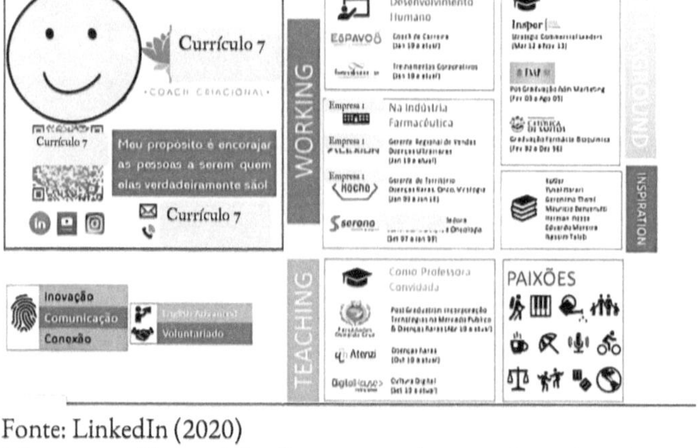

Fonte: LinkedIn (2020)

Observação: Alguns dados foram apagados e/ou fotos alteradas para garantir a privacidade da pessoa/empresa.

A proposta é, a partir de um quadrante, alocar todas os dados necessários para o recrutador avaliar a profissional. Entretanto, o selecionador deve estar familiarizado com as simbologias, pois pode causar atraso e/ou confusão na leitura do documento e possível desistência.

O outro modelo analisado está relacionado à programação. O autor, profissional da área, buscou apresentar as suas habilidades e criou o próprio currículo utilizando o ambiente de trabalho tradicional da área.

Figura 29: Currículo selecionado nº 34

Fonte: LinkedIn (2020)
Observação: Alguns dados foram apagados e/ou fotos alteradas para garantir a privacidade da pessoa/empresa.

Assim como o designer cria um currículo tentando demonstrar as suas habilidades, o programador também o fez, apresentando dados sobre a experiência no ambiente profissional em que está mais acostumado. Nas redes sociais, os comentários foram de apoio e sugestões, inclusive sobre a inclusão de mais dados para facilitar o entendimento do recrutador.

Os outros dois currículos incorporados apenas para esse fim, não analisados neste Livro, estão direcionados ao uso do avanço tecnológico: os vídeos e os sites. O primeiro profissional utiliza-se do vídeo para apresentar o currículo e os dados e informações que julga necessários ao recrutador.

Figura 30: Vídeo-currículo

 Currículo
Projetista de instrumentação | Petroeng Consultoria e Projetos Industriais Ltda....
4d · ⊗

Meu Vídeo Currículo para quem quiser me conhecer melhor!!!

Currículo

See translation

Fonte: LinkedIn (2020)
Observação: Alguns dados foram apagados e/ou fotos alteradas para garantir a privacidade da pessoa/empresa.

Considerado como design arrojado, o profissional com o seu vídeo currículo busca, dentro do tempo proposto, falar sobre as experiências e informações relevantes ao recrutador. Entretanto, o vídeo tem duração total superior a três minutos, bem acima da média de tempo em que um currículo é avaliado (até 30 segundos), o que pode gerar desinteresse pelo conteúdo.

O outro currículo destacado, apenas para caracterizar o tipo de currículo arrojado, trata do currículo site. Nele, a profissional busca apresentar os dados e informações relevantes em uma página web.

Figura 31 e 32: Site-currículo

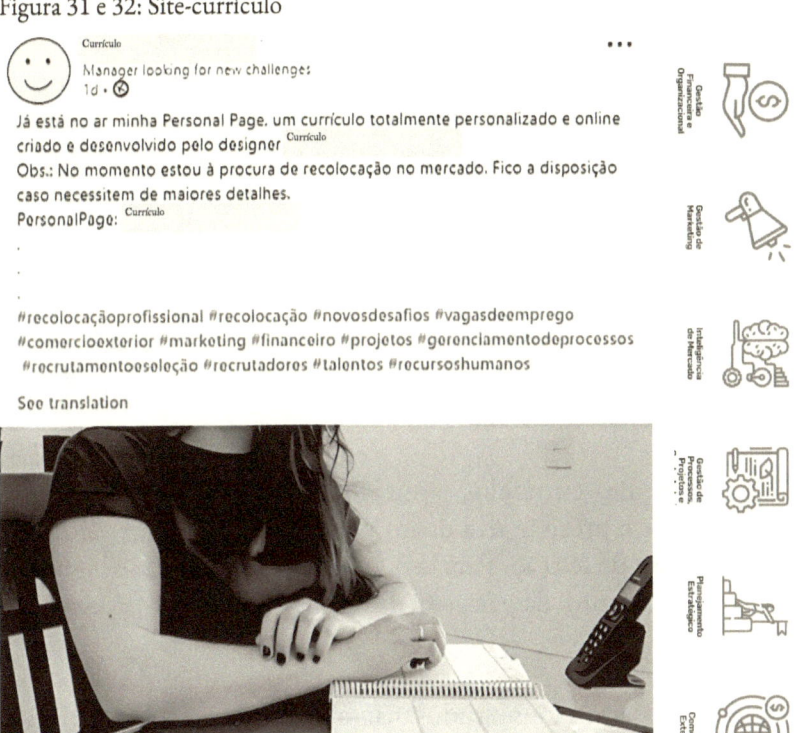

Currículo
Manager looking for new challenges
1d · 🌐

Já está no ar minha Personal Page. um currículo totalmente personalizado e online
criado e desenvolvido pelo designer Currículo
Obs.: No momento estou à procura de recolocação no mercado. Fico a disposição
caso necessitem de maiores detalhes.
PersonalPage: Currículo

#recolocaçãoprofissional #recolocação #novosdesafios #vagasdeemprego
#comercioexterior #marketing #financeiro #projetos #gerenciamentodeprocessos
#recrutamentoeseleção #recrutadores #talentos #recursoshumanos

See translation

Currículo

👍💬 3

👍 Like 💬 Comment ↪ Share

Fonte: LinkedIn (2020)
Observação: Alguns dados foram apagados e/ou fotos alteradas para garantir a privacidade da
pessoa/empresa.

A profissional, para tornar sua *personal page* conhecida, divulga na rede social
sobre essa opção. Na página, apresenta trabalhos sociais, experiência
profissional e até a sua análise SWOT (destacando as forças, fraquezas,
oportunidades e ameaças).

Considerado como design arrojado, esse tipo de currículo traz dados variados,
tais como referências, fotos etc., entretanto, pode não ser usual sob o ponto
de vista do recrutador pelo tempo necessário para análise e, antes disso, a
necessidade de redirecionamento de uma plataforma (rede social) para um site

pessoal, causando possível desinteresse do recrutador em fazer essa transição.

Percebe-se que, ao final dessa segunda parte, apesar das sugestões do tipo de currículo para cada momento da carreira, os profissionais utilizam-se, muitas vezes, da criatividade, com potencial de gerar efeito positivo ao recrutador ou, a partir do tempo gasto (previsto ou real) para a análise do currículo, eliminação sumária.

c) Informações de currículo

Apesar de tratado como "informações", essa parte se refere aos dados disponíveis no currículo. O termo utilizado é para facilitar a compreensão do conjunto de dados, não necessariamente uma informação gerada.

Em todos os tipos de currículos apresentados pelos especialistas, a organização, a clareza e a precisão dos dados podem garantir a aprovação do profissional no processo de seleção. Para isso, o recrutador precisa se interessar pelo currículo no momento da triagem, fase importante do processo de recrutamento e seleção.

Não há ou não foram encontrados estudos mais aprofundados sobre a triagem de currículos e a efetividade, entretanto, é possível encontrar dicas, sugestões e até supostas técnicas disponíveis em sites especializados de empregos e carreira. Em um deles, há destaque para as sete dicas na triagem de currículos[1]:

i. Criar um perfil do que seria o candidato ideal, denominado de perfil base;

ii. Verificar quais são os fatores excludentes, denominados de pré-requisitos exigidos para o cargo;

iii. Definir as especificações comportamentais da vaga, relacionado aos aspectos comportamentais do profissional;

iv. Contar com a ajuda de soluções de recrutamento, relacionando à tecnologia na seleção de currículos;

v. Separar currículos que tenham mais de 70% de aderência ao perfil procurado, relacionado aos conhecimentos e exigências exigidos;

vi. Observar os pontos fortes do currículo, gerando análise preliminar do profissional; e

vii. Armazenar os dados anteriores, utilizando-se de um histórico do profissional.

[1] Disponível em https://www.catho.com.br/empresa-em-foco/7-dicas-de-como-fazer-a-melhor-analise-e-triagem-de-curriculos/. Acesso em 24/01/2020.

Apesar das dicas do site especializado, muitas das ações sugeridas são subjetivas, tornando a triagem de currículos ainda complexa. Em ações como "criar um perfil", que aparentemente é direcionado ao que a empresa deseja, os dados do profissional devem estar alinhados à expectativa da empresa para que haja interesse mútuo. Especificações comportamentais, aderência de perfil e pontos fortes também passam por ações subjetivas, pois um recrutador pode observar de maneira diferente de outro.

Assim, como os dados do profissional definem a aceitação do seu currículo no mercado, foi necessário fazer uma análise de todos os currículos base desse Estudo para melhor compreender o que cada profissional define como relevante ao tentar gerar interesse ao recrutador. Para isso, foram criadas algumas vertentes:

a) Objetivo: Considera o propósito do profissional e a área de interesse especificados no currículo.

b) Clareza: Considera o layout do currículo, o design e a distribuição dos dados.

c) Informações relevantes: Considera os dados e a relação entre eles.

d) Otimização: Considera a confecção do currículo em até 1 página.

e) Tempo de leitura: Considera o tempo médio de leitura de todo o currículo (sem qualquer tipo de análise). Para esse tópico, considerou-se, após 250 iterações (leitura cronometrada de uma linha de texto de diversos currículos selecionados aleatoriamente), o tempo médio gasto de 2,21 segundos por linha. Nesse cálculo, foram desconsideradas linhas de textos com títulos (ex.: Formação, Experiência Profissional etc.), linhas de textos com nome de instituições (Empresa, Instituição de Ensino etc.) e linhas de texto com datas e dados pessoais.

Nesse primeiro momento, foram relacionadas as cinco primeiras vertentes da proposta de análise de dados curriculares e incluída uma sexta vertente denominada Observações Gerais. Nela, ao ser diferente do sugerido pelos especialistas, fora do tradicional ou que contenha algo relevante, há um comentário sobre o currículo (aos que apresentam situação idêntica ou similar aos comentários já realizados, contém apenas uma citação). Os demais foram descritos como "formal e padrão", pois não apresentaram alguma característica a ser interpretada fora do usual. Os resultados detalhados estão disponíveis no Apêndice desse Livro.

Ao final da análise, percebe-se como os currículos mudam em acordo com a perspectiva do profissional, com a sua capacidade para desenvolver o documento ou ainda pelo que ele acredita ser relevante ao recrutador. Dessa maneira, considerando o item Observações Gerais, foi possível destacar:

i. A formatação. Alguns currículos ainda apresentam textos sem qualquer formatação, pequenos excessos mal estruturados (duas ou três linhas) que fazem gerar nova(s) página(s) ou ainda pequenos erros de ortografia.

ii. O excesso de dados. Boa parte dos currículos apresenta uma série de dados que são, algumas vezes, repetitivos ou ainda irrelevantes.

iii. A falta de objetivo. O profissional, ao não informar o que pretende para a sua carreira, pode dificultar a análise do recrutador e assim, pelo pouco tempo para avaliação, ter o currículo descartado.

iv. A falta de padrão. Os currículos são repletos de exemplos que se assemelham na intenção, mas tornam-se bem distintos quanto ao texto e o layout. A falta de padrão é percebida ainda na citação dos cursos extracurriculares, das atividades profissionais e até em breves resumos, tornando cada currículo uma experiência diferente, aumentando, assim, o tempo total de análise.

v. O tempo gasto para análise: Apesar da análise do recrutador ser diferente do procedimento adotado neste Livro, dependendo da maneira de atuar de cada indivíduo, é possível perceber que o tempo gasto é bem superior à média sugerida pelos especialistas (+ou- 30 segundos). Por isso, não houve marcação de tempo gasto por currículo, pois não seria possível determinar as razões da disparidade entre eles, mas foi marcado o tempo total dessa atividade: 2h54min, ou seja, cada currículo, em média, foi lido e analisado em 1min28seg. Lembre-se que, nesse caso, não houve possível releitura, comparação entre currículos dentre outros fatores que podem ser relevantes no processo de triagem.

Além das Observações Gerais, uma vertente acrescentada ao se perceber a relevância de gerar informações não relacionadas às vertentes ora existentes, outros resultados necessitam de aprofundamento na análise de dados para se entender um pouco mais sobre a perspectiva do profissional ao lançar o seu currículo no mercado. Nessa situação, trata-se de uma análise quantitativa importante para consolidação de dados da pesquisa, envolvendo quantidade em relação às páginas e em relação ao tempo gasto para leitura.

Tabela 4: Análise de currículos – dados estatísticos

Análise	Objetivo	Clareza	Info. relevantes	Otimização
S	103 CVs	110 CVs	117 CVs	67 CVs
N	16 CVs	9 CVs	2 CVs	52 CVs
% S	86,6	92,4%	98,3	56,3

Geral	Linhas	Tempo (segundos)	N° de páginas
Média	24,6	54,5	1,5
Média s/ outlier	24,1	53,2	1,5
Q1	14,5	32,0	1,0
Q2	21,0	46,4	1,0
Q3	33,0	72,9	2,0

Qtde. de CVs acima de 30 segundos: 92 (77,3%)

Específica	Linhas	Tempo (segundos)	N° de páginas
CVs > 1 pg.	34,2	75,7	
CVs = 1 pg.	16,9	37,4	
Mediana	21,0	46,4	
Máximo	64,0	141,4	
Mínimo	2,0	4,4	
Formal	25,2	55,7	1,6
Conservador	25,5	56,4	1,4
Moderado	21,3	47,1	1,2
Arrojado	8,0	17,7	1,0

Observações:
1) S (Sim) e N (Não): Representa a quantidade de currículos que alcançaram (ou não) as vertentes (objetivo, clareza, informações relevantes e otimização).
2) A otimização considera o currículo em até 1 página.
3) Q1, Q2 e Q3: É a representação dos quartis na amostra.
4) Tempo: É a quantidade de linhas do currículo x o tempo médio predeterminado de leitura de uma linha (2,21 segundos).
5) CVs = currículos

A Tabela tem por objetivo apresentar algumas informações para melhor interpretação dos currículos analisados. Assim, é possível destacar:

- Objetivo: Em 13,4% não havia objetivo definido para o recrutador ser direcionado à área pretendida pelo profissional. Com isso, esses currículos podem ser descartados sumariamente.
- Clareza: Como essa avaliação é subjetiva e gerada pelo Pesquisador e autor deste Livro, entendeu-se que a maioria dos profissionais conseguem manter o currículo passível de ser avaliado, mesmo sem o objetivo e outros dados disponíveis.
- Informações: Assim como a clareza, o Pesquisador e autor deste Livro buscou entender se os dados gerados estão se relacionando e em conformidade com o cargo/área pretendido. Em apenas duas situações, esse tópico não foi satisfatório.
- Otimização: Diretamente relacionado ao número de páginas, é possível afirmar que 44% ou 52 currículos apresentam os dados em duas ou mais páginas, não importando se a formatação ou layout estão adequados. Esse dado é alarmante pois, se os recrutadores apontam para cada vez menos tempo na avaliação do currículo, clara tendência ao uso de uma página, quase a metade dos currículos pode sequer ser avaliado.

Outros dados de análise estão relacionados à confecção do currículo:

- A quantidade de linhas que o profissional utiliza define a quantidade de páginas, definindo o tempo gasto na leitura do currículo. Pode parecer óbvio, mas não é, pois depende do layout, do uso adequado dos espaços e até da maneira de escrever.

Sobre esses resultados gerados, destaca-se:

- A média: Um profissional utiliza quase 25 linhas para confeccionar o seu currículo, excluindo nessa análise dados pessoais e outros. O tempo gasto médio para leitura chega próximo a 1 minuto, considerando que cada linha tem um tempo estimado de 2,21 segundos para ser lida. Se forem excluídos os *outliers* (os extremos dos dados), a quantidade utilizada de linhas diminui sensivelmente e o tempo de leitura tem redução em mais de um segundo. O número de páginas mantém-se praticamente inalterado.

Esse informação é importante porque, segundo os especialistas, o recrutador demora em média até 30 segundos para avaliar um currículo. Nesse sentido,

ao retratar a realidade do profissional, na busca de apresentar dados diversos para chamar a atenção, há uma disparidade significativa. Se o tempo de leitura é o principal fator para determinação da aprovação em uma triagem de currículos, a diferença entre o tempo médio do currículo (54,5 segundos) com o tempo máximo disponível do recrutador apresenta diferença significativa entre as partes.

Por outro lado, se considerado o número de páginas, os indicadores se aproximam da realidade do recrutador. Em currículos de até uma página, a quantidade média de linhas é reduzida para 17, ao mesmo tempo que o tempo de leitura fica abaixo dos 38 segundos. Como comparação, na primeira situação, a diferença entre o profissional e o recrutador (tempo de leitura do currículo) era de 81% (com *outliers*). Com o uso de apenas uma página, o resultado é de 24%, ou seja, os currículos com até uma página levam até 24% mais tempo de leitura do que a média sugerida pelos recrutadores (a análise efetiva vai depender de cada pessoa).

Para se ter ideia da importância desse indicador, se comparados o tempo sugerido pelos recrutadores e o tempo gasto para leitura em currículos com mais de uma página, a disparidade entre eles alcança 152%, ou seja, um currículo com mais de uma página tem o tempo muito maior de leitura, sugerindo o descarte antes mesmo da avaliação.

Em outra importante análise, os currículos foram considerados pelo seu design (Formal, Conservador, Moderado e Arrojado). Quando essa separação acontece, o maior tempo de leitura fica para os tipos de currículo Formal e Conservador, enquanto o Moderado apresenta menor número de linhas e, consequentemente, menor tempo de leitura em relação aos dois anteriores. Ainda assim, o currículo Moderado apresenta tempo 57% superior ao recomendado pelos recrutadores. O currículo Arrojado atingiu média de 8 linhas e tempo 45% inferior ao recomendado pelos recrutadores. Esse resultado pode ter duas explicações: a primeira, é o tamanho da amostra para esse design de currículo, pois foram apenas dois classificados como arrojados. A segunda é que esse design de currículo apresenta diversas variações, gerando diferentes avaliações. Por exemplo, se o site-currículo, classificado como Arrojado, fosse considerado na amostra, possivelmente o tempo médio aumentaria significativamente, pois a profissional coloca mais dados do que qualquer outro design de currículo.

Ao fim da análise das três partes do currículo, compreendendo tipo, design e informações, é possível destacar:

i. O currículo tem a sua importância no mercado principalmente no processo inicial de triagem;

ii. Há vários designs para o currículo, desde o formal, tradicional e sugerido pelos especialistas, passando pelo conservador buscando pequenas alterações em layout e adoção de símbolos e figuras, alcançando o moderado por utilizar mais recursos de interação e, ainda de forma incipiente, atinge o arrojado, buscando destoar de todos os designs de currículos já confeccionados;

iii. Apesar dos recrutadores sinalizarem tempo máximo para avaliação de um currículo, os profissionais ainda insistem em colocar muitos dados, o que pode gerar leitura e análise superficiais ou até eliminação do candidato precocemente;

iv. Quanto menores e mais precisas os dados disponíveis, maior é a possibilidade do profissional ser avaliado pelo recrutador;

v. O profissional deixou de ser candidato e passou a ser influenciador, com o currículo sendo fator-chave na aprovação dessa influência; e

vi. Se o tempo de avaliação de um currículo é reduzido, há necessidade de se criar mecanismos para:

a) Os currículos manterem tempos similares entre leitura e análise;

b) Os currículos seguirem uma padronização que pode auxiliar na redução do tempo de leitura e análise; e

c) Os currículos, a partir da padronização, possam ser confeccionados por qualquer profissional, independentemente da sua habilidade com as ferramentas disponíveis.

Aliado aos pontos aqui destacados, o currículo é parte inerente da carreira do profissional, logo, ele é o mais capacitado para gerar os próprios dados. O que esse influenciador precisa é facilitação na elaboração do conteúdo, pois, como os próprios recrutadores devem concordar, ao chegarem diversos currículos para triagem, com a padronização, há maior possibilidade de equidade nessa triagem. Por outro lado, padronizar por meio de palavras pode ser bem mais complexo e não alcançar o objetivo, então, diante desse cenário, é preciso sugerir: os números são mais importantes do que as palavras em um currículo profissional, logo, eles , os números, precisam ser os dados.

Mas, isso é possível?

Veja no próximo capítulo.

4.2 O CURRÍCULO INCLUSIVO E A PONTUAÇÃO DO PROFISSIONAL

Ao analisar os currículos, percebe-se que o mercado de trabalho (os recrutadores) é direcionado à praticidade ao mesmo tempo em que os profissionais querem disponibilizar o máximo possível de dados ao recrutador. Nessa relação, existe um *trade-off* que precisa ser equalizado. Então, a pergunta a ser respondida é: Os profissionais devem disponibilizar menos dados aos recrutadores ou os recrutadores devem ter mais tempo para avaliar os currículos?

A resposta correta está relacionada às partes interessadas no processo e o poder de decisão.

Figura 33: Interesse e poder na triagem de currículo

No exemplo figurado apresentado, a relação de interesse e poder tem as suas diversas perspectivas:

- Da empresa: Pode ser pelo ponto de vista da área de recursos humanos, de uma área influenciada pela contratação etc. Nesse caso, o interesse é grande e há poder de decisão por parte desse recurso, geralmente interferindo no resultado.
- Do recrutador: Pode ser uma pessoa da área de recursos humanos ou a empresa contratada para desenvolver o processo. Neste caso, o recrutador pode ser o responsável pela triagem dos currículos, tornando-o com grande poder de decisão, mesmo que não seja o principal decisor. Em alguns casos, a sua influência é maior que a do gestor da área.

- Do gestor da área: O decisor que indica o candidato aprovado. O seu perfil de gestão define se a aprovação vai ser unilateral ou bilateral, ou seja, com o apoio do recrutador. Geralmente, esse profissional entra em uma fase mais avançada do processo, após a triagem e possíveis entrevistas iniciais.

Observe que, apesar do recrutador não ser o decisor, ele tem poder de decisão, mesmo que indiretamente. Isso acontece porque o gestor da área só recebe os currículos que esse recrutador separa. Então, para que o recrutador possa ter maior capacitação para selecionar os currículos de forma mais equitativa, não distraindo-se com número de páginas, layout e outros arquétipos, há necessidade de mudança conceitual em todo processo, motivada também pela defasagem entre o avanço dos negócios e o seu modo de operação.

A primeira grande mudança deve ser nominal. Sai o termo candidato, que parece não ser mais a expressão exata do profissional e entra o termo influenciador, definindo-o como um profissional que está se candidatando (mas não é candidato!) à vaga disponível, seja ela de emprego, prestação de serviço ou até mesmo cargo público eletivo.

É importante ressaltar que o termo influenciador ficou mais conhecido em meados da segunda década do século XXI, com o crescimento das redes sociais, mas é discutido no marketing desde os anos 1940 pelo menos. Denominado de marketing de influência, tinha nos formadores de opinião o centro das atenções, uma vez que essas pessoas poderiam contribuir no aumento ou redução da venda de um produto ou serviço apenas pelos seus comentários gerados e propagados pelos seguidores.

Pela sua relevância, vale a pena saber como o próprio dicionário define influenciador:
"Que ou quem influencia ou tem alguma espécie de influência sobre algo ou alguém (ex.: agente influenciador; o debate contará com a presença de vários influenciadores digitais)"[1].

[1] Disponível em https://dicionario.priberam.org/influenciador. Acesso em 11/01/2020.

Com a entrada da rede social, é possível definir o influenciador como aquele que, a partir de um canal de comunicação, emite opinião sobre determinado assunto, influenciando ou tentando influenciar um grupo de pessoas em decisões de compra, venda, posicionamento político, economia dentre outras.

Baseando-se nas definições, é possível afirmar que todas as pessoas podem ser denominadas influenciadoras, sendo a diferença principal entre elas o alcance da sua influência e a relevância. Assim, em um processo seletivo, o antes denominado candidato passa a ser um influenciador com a capacidade de sugestionar à pessoa ou um grupo recrutador de pessoas a sua contratação.

Um consultor ou profissional liberal também passa a ser um influenciador, pois, a partir das divulgações dos seus serviços em redes sociais e demais tecnologias disponíveis, tenta também sugestionar aos possíveis clientes a contratação dos seus serviços. O termo está tão atualizado que um gestor é, de alguma maneira, considerado influenciador, direcionando a forma de atuar de seus liderados, mudando comportamentos e conceitos etc.

Toda essa diversidade de influenciadores corrobora para ratificarmos que a tomada de decisão para a seleção desse indivíduo, seja em qualquer meio, tem se tornado cada vez mais complexa. Por isso, há necessidade de padronização na análise, não importando-se o propósito da escolha e sim a perspectiva de contribuição ao negócio. É isso mesmo: a influência, garantida também por meio do engajamento, pode ultrapassar a capacitação no processo de seleção, permitindo que as empresas, em um primeiro momento, estejam mais conectadas com os potenciais compradores e, posteriormente, desenvolva capacitação para cumprimento do combinado entre as partes.

Assim, para apoiar essa quebra de paradigma ao conciliar padronização de currículo, efetividade de dados e avaliação do profissional, propõe-se o método Currículo Inclusivo (CIn), ou seja, a adoção de raciocínio matemático específico para gerar um score com o propósito de, dentre outras funções, definir por uma contratação a partir do cargo disponível, fazer gestão de carreira, promover seleção de terceiros para prestação de serviço etc.

4.3 O CÁLCULO DO CURRÍCULO INCLUSIVO

O Currículo Inclusivo baseia-se na consolidação de dimensões diretamente relacionadas aos profissionais e que são, do ponto de vista dos interessados, os principais aspectos para se conhecer um influenciador e definir o seu perfil. Ao todo, são seis dimensões.

1) <u>Escolaridade, compreendendo a capacitação</u>
A escolaridade ainda é um dos principais fatores para o profissional que deseja crescimento de carreira. Para isso, as opções de acesso ao curso superior aumentaram consideravelmente nos últimos anos.

Tabela 5: Quantidade de IES no Brasil

Ano	IES (pública)	IES (privada)
2017	296	2.152

A grande quantidade de instituições de ensino superior (IES) tem proporcionado a maior capacitação dos profissionais que buscam no ensino a complementação (ou início) da experiência nas empresas.

Quadro 5: Perfil do discente de IES

Atributos do vínculo docente de graduação	Modalidade de ensino	
	Presencial	A distância
Sexo	Feminino	Feminino
Categoria adm.	Privada	Privada
Grau acadêmico	Bacharelado	Licenciatura
Turno	Noturno	n/a
Idade (ingressante)	18	21
Idade (matrícula)	21	29
Idade (concluinte)	23	34

Fonte: INEP (2017)

Além do crescimento de IES e da consequente maior oferta de cursos, houve o desenvolvimento do ensino a distância (EAD), colaborando para o ingresso de mais pessoas ao ensino superior.

Gráfico 1: Número de ingressos em cursos

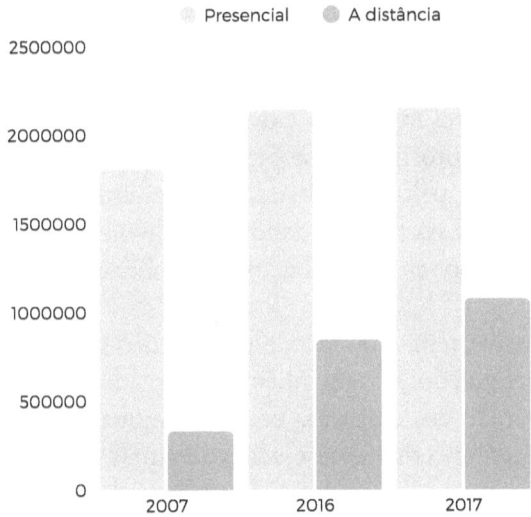

Fonte: INEP (2017)

Entre os anos de 2016 e 2017, a modalidade a distância teve variação positiva de 27,3%, enquanto no presencial não passou de 0,5%. Em 2017, o ensino a distância alcançou 33% do total de estudantes. Dez anos antes, um pouco mais de 15% dos discentes estudavam pela modalidade ensino remoto.

Esse aumento de estudantes nas IES trouxe ao mercado de trabalho a exigência, dependendo do cargo, do ensino superior. Além disso, curso de formação complementar como a pós-graduação MBA tem sido muito procurado pelos profissionais, tornando-se diferencial competitivo na busca da oportunidade de emprego.

2) Experiência Profissional, compreendendo a vivência
O tempo dedicado à empresa gera conhecimento. Esse conhecimento ao longo do tempo, gera experiência. A experiência é ainda relevante requisito para os mais variados cargos nas empresas. Com a constante evolução da tecnologia aliada às mudanças nos negócios, a experiência profissional tem sido associada à continuidade do aprendizado, reforçando a necessidade de capacitação do profissional na área em que atua, envolvendo cursos para

otimização de tempo, ensinar a lidar com novos desafios e manter-se sempre atualizado[1].

3) <u>Experiência Empreendedora, compreendendo a vivência</u>
O empreendedorismo é uma das maiores evoluções e discussões no mercado de trabalho dos últimos anos. Entretanto, pouco se percebe ou se sabe das ações empreendedoras desenvolvidas pelos profissionais que atuam em empregos formais (vide CLT) e afins. Essa falta de dados para divulgação ou de ação prática do profissional passa pelo seu desconhecimento sobre o tema.

Além disso, o tema empreendedorismo tem se destacado por ser uma ação que pode promover vantagens ao empreendedor, mas também ao mercado em que atua. Esse profissional, se incorporado em empresas como funcionário, traz consigo uma experiência que contribui em ideias e ações distintas quando comparadas ao funcionário corporativo tradicional. Se em cargos de liderança, o seu perfil pode ser ainda mais diferenciado.

Quadro 6: Paradigma da liderança empreendedora

Dimensão	Estilo	Comportamentos
O empreendedor líder	• Autoconhecimento • Honestidade intelectual • Determinador de ritmo • Coragem • Habilidade de comunicação • Senso de equipe	1. Não tem postura de invencível 2. Demonstra confiabilidade 3. Admite não conhecer tudo 4. Mostra energia e senso de urgência 5. Capaz de tomar decisão difícil 6. Mantém diálogo com os stakeholders 7. Demonstra capacidade no gerenciamento da equipe

[1] Disponível em https://vanzolini.org.br/weblog/2017/01/09/qual-importancia-da-qualificacao-profissional-no-mercado-de-trabalho/. Acesso em 25/01/2020.

Dimensão	Estilo	Comportamentos
A equipe do empreendimento	• Modelo organizacional • Ética • Postura positiva • Foco Performance/Recompensa • Adaptabilidade	1. O empreendedor e a equipe agregam as habilidades para operar de forma conjunta 2. Adota práticas éticas 3. Compromissos complexos são cumpridos e aperfeiçoados 4. Táticas de curto prazo são utilizadas para atingir estratégias de longo prazo 5. Metas alcançadas acima do estabelecido são recompensadas 6. Resposta rápida às mudanças do ambiente
Influências do ambiente externo	- Necessidade dos stakeholders - Experiência anterior - Aconselhamento - Solução de problemas - Criação de valor - Habilidades enfatizadas	1. As necessidades da empresa são paralelas às dos stakeholders 2. As experiências anteriores são aplicadas 3. As competências são valorizadas 4. Os problemas novos são resolvidos prontamente 5. Cria valor ao longo do tempo aos stakeholders 6. Habilidades técnicas são menos valorizadas que as comerciais

Fonte: Timmons e Spinelli (2004)

A empresa, para o seu funcionamento é inerente ao empreendedorismo. Para que seja percebido, empreender deve significar, dentre vários fatores, agregar habilidades de líderes e liderados conjuntamente. Essa combinação direciona à forma de atuar dos profissionais, tornando-os mais motivados para interagir, autônomos e efetivos ao arriscarem, independentemente se líderes (em tomadas de decisão) ou liderados (em propor inovações, projetos etc.).

Esse entendimento entre gestor e colaborador é citado por Barreto (2011, p. 106) sobre o direcionamento em momentos de contratação.

> O gestor por meio da identificação do seu estilo de líder e ao adotar um critério de seleção de colaboradores baseada em similaridades de sua forma de atuar, pode trazer consigo uma perspectiva de melhor aproveitamento dos recursos humanos e, consequentemente, melhor resultado para a empresa (BARRETO, 2011, p. 106).

A importância da experiência empreendedora é retratada pelo autor até como possível vantagem em processos seletivos. Se o líder conhecer o liderado por meio de um critério de seleção que não seja apenas relacionado à subjetividade, ele pode ser mais assertivo na contratação do profissional desejado.

4) Autenticidade Virtual, compreendendo o envolvimento

Um profissional deve ser avaliado a partir da contribuição que ele proporciona ao meio em que faz parte. Com as mais diversas tecnologias e opções disponíveis, essa dimensão direciona ao conteúdo gerado por meio de textos, apresentações e afins, e com alguma relevância no contexto organizacional. São considerados trabalhos realizados por meio de folhetos, blogs e podcasts, além de livros, materiais conteudistas ou ainda artigos científicos aprovados e publicados. Essa dimensão sugere que o profissional tenha mais que opinião, tenha argumentação em textos autorais apresentados às empresas ou à sociedade em geral.

5) Tecnologia, Inovação e Negócios, compreendendo o envolvimento

Essa dimensão agrupa ações práticas dos profissionais em relação ao seu desenvolvimento e ao desenvolvimento de terceiros. Para o profissional, mesmo que o reflexo da sua ação seja em terceiros, o interesse por criar ou fazer parte de projetos contribui em crescimento profissional. Ressalta-se, assim, as ações de inovação, o envolvimento com tecnologia, projetos diversos e o empreendedorismo corporativo (EC) desenvolvidos pelo profissional ou em grupos/times que ele fez ou faz parte.

As ações empreendedoras podem ser desenvolvidas para o seu próprio negócio, como também dentro das empresas em que o empreender atua. O EC é uma das mais importantes ações práticas dos últimos anos, pois, com a necessidade de inovação constante, é necessário ter profissionais com

capacidade para inovar (criar) e empreender (implementar). Mais do que isso, as empresas precisam ter líderes que promovam o EC.

Quadro 7: Modelo de combinação gestor x colaborador

Características do gestor	Características do colaborador
Autonomia + Efetividade	• Toma decisões sem auxílio prévio; • Analisa os elementos em conjunto para a melhor tomada de decisão; e • Assume a responsabilidade com o cliente e resolve o problema.
Efetividade + Interação	• É participativo nas decisões da empresa; • Busca melhorar imagem da empresa por meio de ações bem-sucedidas perante os clientes; e • É envolvido e torna-se referência no atendimento ao cliente.
Interação + Propensão ao risco	• Analisa as oportunidades de mercado e as apresenta na empresa; • Auxilia na tomada de decisão; e • Estreita relacionamento para alavancar novos negócios e oportunidades.
Propensão ao risco + Autonomia	• É proativo; • É receptível às mudanças, tornando-as uma oportunidade; e • Busca a melhoria contínua como forma de ser premiado.

Fonte: Barreto (2011, p. 106)

Por fim, a dimensão trata da atuação do profissional em práticas ESG, cada vez mais exigida pelas empresas ao perceberem as vantagens proporcionadas[1]. Dentre as vantagens, além da exposição de realidades que podem não ser comum aos funcionários, gerando maior percepção sobre valores, ética etc., destaque também para a melhora da imagem corporativa quando a população se envolve com as empresas em causas sociais. Em tempos de ESG, qualquer ação pode colaborar para, dentre outros fins, aceitação da marca, colaborando em mais vendas e negócios.

[1] Disponível em https://oglobo.globo.com/economia/ciclos-empresariais/empresas-passam-ver-vantagens-nas-acoes-sociais-21854034. Acesso em 25/01/2020.

6) Relacionamento Virtual, compreendendo a interação

A era do exibicionismo digital tem gerado muitas discussões sobre a exposição adequada do profissional. Entretanto, é correto afirmar que as redes sociais encurtaram a distância entre amigos e entre potenciais funcionários e empresas. Assim, a participação em redes sociais é tão importante quanto a participação em grupos de profissionais, entidades de classe etc.

Não é mais possível deixar de se envolver com as redes sociais e, de maneira prudente, extrair o que de bom ela pode proporcionar. Por outro lado, sabemos que a grande restrição às redes sociais está associada à falta de privacidade, mas essa é uma decisão de cada pessoa ou profissional[1].

Após a conceituação das seis dimensões, é possível afirmar que, cada uma com seu grau de relevância, todas são fundamentais para se conhecer o profissional, não importando o nível hierárquico envolvido ou a motivação da análise. Entretanto, considerando o proposto neste Livro, é preciso gerar uma pontuação na busca da equidade em processos de triagem de currículo e, consequentemente, no processo seletivo.

Assim, para o cálculo do Currículo Inclusivo, é considerada a interdependência das seis dimensões e a adoção de variáveis que são tratadas individualmente na dimensão ou de forma geral no grupo de dimensões.

Dimensão	Sigla	Categorização
Escolaridade	ESC	Primária
Experiência Profissional	Exp	
Experiência Empreendedora	Emp	Secundária
Autenticidade virtual	Aut	
Tecnologia, Inovação e Negócios	Tin	
Relacionamento Virtual	Rev	Acessória

A fórmula para determinação do Currículo Inclusivo é:

$$CIn = \sqrt{2} * \frac{(Vn * Ref * Vd\ Primária) * \Sigma(Vn * Ref * Vd\ Secundária)}{Conv * Vd\ Acessória}.$$

---

[1] Disponível em https://istoe.com.br/339503_A+ERA+DO+EXIBICIONISMO+DIGITAL/. Acesso em 25/01/2020.

Para maior compreensão, pode ser ainda expressa da seguinte maneira:

$$CIn = \frac{\sqrt{(2 * (Vn\_Esc * Ref\_Esc * Vd\_Esc) * \Sigma (Vn * Ref * Vd)}}{Conv * Vd\_Rev}.$$

Em que:

Vn = Variável do item na dimensão

Ref = Referência do item na dimensão

Vd = Variação da dimensão

Conv = Conversão de seguidores

Abreviando a fórmula, é possível definir que:

$$CIn = \frac{\sqrt{2 * rDEsc * \Sigma(rDExp + rDEmp + rDAut + rDTin)}}{rDRev}.$$

Em que:

rD = Representa o resultado da dimensão, gerado a partir do conjunto de itens.

O item é um dado relevante que precisa ser mencionado pelo profissional, seja o tempo de experiência, o número de projetos desenvolvidos, os cursos extras realizados etc. Mesmo que o profissional não tenha dados para serem apresentados em uma dimensão, ou seja, em nenhum dos itens relacionados, há valoração mínima adotada. Entende-se que, em casos de formação em ensino médio, graduação em andamento, textos sendo desenvolvidos etc., o profissional não deve ficar zerado na dimensão por não ter concluído integralmente o item destacado.

Na dimensão Escolaridade, há o seguinte entendimento para os estudos:

Situação	Graduação	Pós-Graduação	Mestrado	Doutorado	Pós-Doutorado
Concluído	1	2	3	4,5	5
Cursando	0,5	1	1,5	2,25	2,5
Paralisado	0,35	0,5	1	1,75	2
N/D	0,25				
Sem interesse	0,1				

Entretanto, ao idioma não é possível executar a mesma ação apresentada aos estudos, pois a exigência de outras línguas varia conforme a empresa, o cargo e os negócios envolvidos. Então, para estruturação, foram considerados os principais idiomas e o fluxo natural de aprendizado.

Idioma	Pontuação
Fluente	1
Avançado	0,7
Intermediário	0,5
Básico	0,3
N/D	0,0

Os idiomas considerados são: Português, inglês, espanhol, francês, mandarim e outros (italiano, russo etc.).

As demais dimensões seguem o conceito do mínimo viável:

Resultado: Se ΣRef = 0, utiliza-se a menor variável dos itens da dimensão e divide-se por 2, equivalente ao peso de 50% do item de menor valoração. Obviamente, mesmo o profissional que não tem dados a serem lançados, será beneficiado com esse conceito. Entretanto, ao ter disponível o currículo em seu design, tipo e informações, o indivíduo sem qualquer dado apresenta desvantagem em relação ao outro profissional, pois é preciso lançar as quantidades de ações realizadas.

A variação da dimensão (Vd) trata da relação de relevância entre as dimensões. Assim, quanto maior a pontuação, maior a importância. Nesse eixo vertical, foi considerado 1 ponto por dimensão descrita (total de 6 pontos), entretanto, esses pontos foram distribuídos em acordo com o entendimento da valoração de cada dimensão.

Tabela 6: Variação da dimensão (Vd)

Dimensão	Pontuação	Relevância (%)
Escolaridade	1,350	22,5
Experiência Profissional	1,100	18,3
Experiência Empreendedora	1,150	19,2
Autenticidade Virtual	1,000	16,7
Tecnologia, Inovação e Negócios (TIN)	0,900	15
Relacionamento Virtual	0,500	8,3
Total	6,000	100

Esse tabelamento é a perspectiva definida como standard ou simplesmente padrão, algo como aplicável sob qualquer perspectiva de negócio, cargo ou função.

Entende-se que as empresas podem seguir esse modelo apresentado, mas, em acordo com as suas necessidades, modificar os pesos de cada dimensão. Na perspectiva standard, sugere-se a dimensão Escolaridade a mais importante dentro do grupo de dimensões, representando algo em torno de 1/5 do peso total. As experiências profissionais (como funcionário(a)) e empreendedoras (como dona(o) ou sócia(o)) apresentam uma pequena variação por se entender que a experiência empreendedora é, por si só, menos usual, tornando-a um diferencial ao profissional que pratica ou já praticou esse tipo de ação.

Como as dimensões contém itens que as individualizam, eles geram o grau de relevância entre as dimensões quando comparadas. No eixo horizontal, a soma dos itens é igual ao máximo de valoração determinada para cada dimensão. Nesse aspecto, novamente foi utilizado o critério de pontuação máxima (até 6) dependendo da importância da dimensão.

Tabela 7: Soma das variáveis na dimensão

Dimensão	Soma das variáveis
Escolaridade	6,00
Experiência Profissional	5,00
Experiência Empreendedora	5,00
Autenticidade Virtual	3,00
Tecnologia, Inovação e Negócios (TIN)	2,00
Relacionamento Virtual	0,50

Assim, essa soma é o resultado da valoração de cada item dentro da dimensão. Como consequência, a consolidação permite gerar a adoção de valoração padrão, a partir dos itens e dimensões propostos. O seu agrupamento está assim disposto:

Tabela 8: Valoração dos itens nas dimensões

Escolaridade	Graduação	Pós-Graduação	Mestrado	Doutorado	Pós-Doutorado	Variável (Vd)
Vn	0,500	1,000	1,500	2,000	1,000	6,000

Experiência Profissional	MPE (anos)	ME (anos)	GE (anos)	Idiomas	Cursos Extras	Variável (Vd)
Vn	1,000	1,200	1,500	0,800	0,500	5,000

Experiência Profissional	MPE (anos)	ME (anos)	GE (anos)			Variável (Vd)
Vn	1,200	1,700	2,100	⋯⋯⋯▶		5,000

Autenticidade virtual	Folhetos	Materiais conteudistas	Artigos	Blogs e podcasts	Livros	Variável (Vd)
Vn	0,400	0,700	0,700	0,200	1,000	3,000

TIN	Aplicativos e afins	Inovação e empreend.	Empreend. corporativo	Práticas ESG	Projetos	Variável (Vd)
Vn	0,250	0,450	0,600	0,250	0,450	2,000

Relacionamento virtual	Variável (Vd)
Vn	0,50

Observações:
MPE: micro e pequena empresa
ME: média empresa
GE: grande empresa
Vn = Variável do item na dimensão

A dimensão Escolaridade e seus itens, por serem complementares entre eles, possui análise diferenciada e será retratada quando da aplicação do método. As demais dimensões sugerem o peso de cada item dentro da dimensão. A soma da variável de cada item resulta na valoração da dimensão, conforme o exemplo a seguir:

Tabela 9: Exemplo de valoração por item – Autenticidade Virtual

Item	Valoração do item	Valoração total da dimensão
Folhetos	0,400	
Materiais conteudistas	0,700	
Artigos	0,700	3,000
Blogs e podcasts	0,200	
Livros	1,000	

Como a proposta do método sugere o conceito híbrido, os itens apresentados podem ser alterados em acordo com a necessidade de cada recrutador,

valendo-se do perfil do cargo e exigências requeridas.

Ao considerar, no método tradicional, que um indivíduo sempre tem na trajetória profissional o principal recurso de análise, as empresas deixam de abordar temas fundamentais na nova era da informação, os relacionamentos virtuais e a contribuição ao meio. Para corrigir essa possível falha, há buscas sobre os profissionais em redes sociais, sejam elas voltadas ao próprio aspecto social ou, o mais comum, ao aspecto profissional.

Entretanto, essa abordagem torna-se rasa, pois a procura online não determina o quão preparado uma pessoa é para a vaga ou o quanto a sua exposição em redes sociais é prejudicial e/ou vantajoso ao desenvolvimento do seu trabalho. De maneira geral, pode ser considerada injusta a comparação entre profissionais sob esse ponto de vista porque algumas pessoas são atuantes e outras são avessas às redes sociais. Todavia, não há como negar que se faz necessário considerar o relacionamento virtual na avaliação do profissional.

Assim, a relação de itens para determinar cada dimensão está fundamentada em três princípios:

- **A vivência**

Engloba as dimensões Experiência Profissional e Experiência Empreendedora. É a parte tradicional e ainda mais utilizada na avaliação do potencial influenciador à vaga disponível. Entretanto, com a grande facilidade de promoção pessoal por meio das redes sociais, principalmente relacionado aos profissionais liberais, pouco tem se falado sobre esse item sob o ponto de vista da veracidade dos dados, credenciando o indivíduo a oferecer um produto ou serviço.

Figura 34: Propostas de venda de serviços

Divulgação

Curso Para Fabricação de Produtos de Limpeza + Produtos de Higiene por apenas 24.90.
Eu já comprei o meu e a economia é muito grande. aproveita 😊 😊 😊 😊 😊 😊 😊

Garantia 100% Sem Risco

Se você não ficar 100% satisfeito, e por algum motivo não gostar, devolveremos o seu dinheiro, bastando apenas enviar um e-mail para (Divulgação   ), apenas envie-nos dentro dos primeiros 30 dias após a compra, prazo condicional da GARANTIA!
Não se preocupe, pois não iremos cobrar nenhum centavo a mais por isso!
E sem desculpas!
- Esta a minha garantia pessoal para você!

Divulgação
→ Curso Completo de Fabricação de Produtos de Limpeza e Higiene

Fonte: Facebook (2018)

Nesse exemplo, apesar de não ser possível atestar a eficácia citada pela vendedora e a legitimidade e/ou legalidade considerando as normas estabelecidas, uma vez que o produto divulgado precisa ter autorização de fabricação e comercialização dos órgãos competentes, pressupõe-se que trata-se de uma empreitada amadora e resultados completamente subjetivos.

Assim como essa divulgação, outras tantas podem ser encontradas em situações similares, nos mais variados tipos de produto ou serviço: confecção de currículos, serviços de *coach* e gestão de marketing digital estão entre os mais ofertados na internet. Entretanto, pouco se fala da capacitação efetiva do profissional (ou empresa), permitindo que haja desconfiança quanto à qualidade assegurada.

Então, é possível afirmar que, considerando os serviços mais ofertados na internet e a relação direta entre recrutamento e análise curricular, a proposta comercial apresentada pelos profissionais nas redes sociais é, sem dúvida, contraditória aos princípios básicos do processo de seleção, gerando insegurança e possíveis conflitos entre comprador e vendedor. A pergunta a ser respondida é: Vale a pena comprar algo desses profissionais?

- **A capacitação**

A resposta à pergunta logo acima pode estar aqui, pois capacitar envolve a dimensão Escolaridade e tem nela a maior relevância. Entende-se que o profissional qualificado deve ter nos estudos os pilares para o desenvolvimento de bons trabalhos na empresa em que atua. Assim, para essa dimensão, como os itens sugerem uma sequência, considerou-se a relevância dos cursos nessa ordem: Doutorado, mestrado (*strictu sensu*), pós-graduação-MBA (*lato sensu*) e graduação. O pós-doutorado pressupõe maior importância por ser o último degrau dos estudos (baseado nos cursos apresentados), mas é caracterizado como curso complementar, logo, a sua valoração é a metade da valoração do doutorado.

Os cursos ofertados vão além da formação acadêmica, contribuem de maneira significativa na carreira do indivíduo, mesmo que boa parte das pessoas entenda que apenas a graduação e pós-graduação fazem parte do mercado de trabalho não-acadêmico. Tal pensamento é refutado quando a própria Coordenação de Aperfeiçoamento de Pessoal de Nível Superior (CAPES) justifica a necessidade do oferecimento de mestrados e doutorados:

1. Formação de professorado competente que possa atender a demanda no ensino básico e superior garantindo, ao mesmo tempo, a constante melhoria da qualidade;
2. Estimular o desenvolvimento da pesquisa científica por meio da preparação adequada de pesquisadores;
3. Assegurar o treinamento eficaz de técnicos e trabalhadores intelectuais do mais alto padrão para fazer face às necessidades do desenvolvimento nacional em todos os setores.
À época, os consultores já consideravam o aspecto de inovação como fundamental para o desenvolvimento do país, da mesma forma como o é na atualidade. A ênfase à inovação na formação de mestres e doutores é expressa no documento na seguinte meta: "formar os nossos próprios cientistas e tecnólogos, sobretudo tendo em vista que a expansão da indústria brasileira requer número crescente de profissionais criadores, capazes de desenvolver novas técnicas e processos, e para cuja formação não basta a simples graduação" (CAPES, 2019)[1]

Além da valoração da variável, nessa dimensão, como a acumulação de cursos realizados pelo profissional é algo recorrente, foi determinada uma pontuação para cada tipo de curso, mais uma vez considerando a relevância e sequenciamento. Assim, o doutorado tem a maior valoração total (variável x pontuação). O pós-doutorado, caracterizado como curso complementar, apesar de possuir a maior pontuação por ser considerado a última fase dos estudos, tem valoração total (variável x pontuação) inferior ao mestrado e superior à pós-graduação-MBA.

Com esse entendimento, o resultado do profissional na dimensão Escolaridade é a soma dos cursos realizados (certificados e diplomados por instituição de ensino superior (IES) autorizadas e/ou reconhecidas pela CAPES e MEC) ao longo da carreira. Vale ressaltar que o uso da graduação como requisito mínimo está em acordo com diretrizes de mercado, em que o curso superior é exigido em boa parte das funções, tornando o ensino médio mandatório. Entretanto, sabendo que é um modelo híbrido, a alteração dos cursos e valoração em acordo com o objetivo da empresa é facultativa.

- **O envolvimento e a interação com os meios**
Apesar da consolidação em um princípio, tem duas vertentes: uma está relacionada ao envolvimento que trata a contribuição do profissional ao mercado, seja na forma de blog, podcast, livro, material conteudista ou artigo. Entende-se que o profissional qualificado deve expressar a sua opinião e apresentar trabalhos técnicos-científicos de valor, aumentando a sua capacitação para lidar com as atividades empresariais.

[1] Disponível em https://www.capes.gov.br/avaliacao/sobre-a-avaliacao/mestrado-e-doutorado-o-que-sao. Acesso em 15/01/2020.

A outra vertente trata da interação, incluindo os trabalhos desenvolvidos e as relações virtuais, ou seja, a combinação da contribuição do profissional às empresas e sociedade em geral com a importância do seu envolvimento nas redes sociais.

Assim, a propriedade sobre aplicativos e afins (não se considera desenvolvimento para terceiros), a participação em projetos de inovação e empreendedorismo (excluindo situações como funcionário), o empreendedorismo corporativo (projetos desenvolvidos como funcionário), práticas ESG (projetos que foram desenvolvidos ou tiveram atuação do profissional) e projetos (trabalhos particulares e outros que não se encaixam nos itens anteriores) são fundamentais para conhecer o indivíduo.

Na vertente interação, as empresas consideram as redes sociais ponto-chave para os negócios, todavia, precisam saber utilizá-las de tal maneira que o valor agregado seja percebido, mensurado pelo aumento de seguidores, crescimento no engajamento ou simplesmente mais vendas geradas. Então, sabendo que todos têm redes sociais (ou deveriam ter!), a interação dos funcionários, clientes e consumidores com a empresa torna-se algo necessário e recorrente. E, claro, para profissionais entrantes na empresa também.

Entretanto, pela dificuldade em ponderar seguidores à capacitação do profissional (entrante ou funcionário), o Currículo Inclusivo propõe a conversão do número de seguidores em um fator, criando correlação positiva entre o maior número de seguidores e a maior valoração na dimensão ao gerar o resultado.

Tabela 10: Conversão de seguidores

De	Até	Fator	De	Até	Fator
0	4.999	6,00	1.000.000	1.999.999	0,90
5.000	49.999	5,00	2.000.000	2.999.999	0,80
50.000	99.999	4,00	3.000.000	3.999.999	0,60
100.000	299.999	3,00	4.000.000	4.999.999	0,40
300.000	499.999	2,00	5.000.000	9.999.999	0,25
500.000	999.999	1,00	10.000.000	-	0,10

É importante destacar que nos últimos anos o termo influenciador definiu um perfil: o indivíduo atuante em rede social que contribui na tomada de decisão dos seus seguidores nas mais variadas situações, desde a compra de um produto ou serviço, passando por questões pessoais e atingindo posição política, voto e afins. A expansão foi tão grande que tornou-se profissão [1].

Nesse tipo de profissão, a remuneração do influenciador costuma ser variável e está relacionada ao número de seguidores, o engajamento gerado dentre outros fatores. Alguns profissionais mais conhecidos, como jogadores de futebol e da mídia televisa, faturam alto com propagandas diversas, mas é percebido que essa atividade é extensiva para qualquer pessoa interessada no segmento, desde que consiga agregar valor à marca. A remuneração pode não ser a mesma dos famosos, mas há ganhos relacionados[2].

Tal termo está tão na moda e solidificado que se propõe o seu uso para todos os profissionais, independentemente da área de atuação, pela tamanha importância no mercado e por estar mais alinhado à evolução e nomenclatura utilizada nos negócios.

Mas, claro, sabemos que tudo advém da rede social, movimentando bilhões de dólares anualmente, tornando-a um dos grandes pilares de negócio das grandes, médias, pequenas e microempresas, não importando se as redes são voltadas ao aspecto pessoal ou profissional[3].

Então, ao associarmos rede social, influenciador e empresa de qualquer ramo de atividade, podemos afirmar que o profissional bem relacionado e com grupo relevante de seguidores, pode proporcionar mais vendas, gerar novos negócios e aumentar a exposição da marca, fatores até então exclusivos de áreas como marketing e vendas. Esse novo direcionamento propõe às empresas adotar medidas que agregam valor sem custo explícito (na maioria das vezes, a divulgação do produto ou serviço é realizada pelo funcionário de forma voluntária). Esse processo, mesmo que associado ao endomarketing, tem algumas outras extensões.

[1] Disponível em https://www.gazetadopovo.com.br/economia/quanto-ganha-microinfluenciador-digital-no-instagram/. Acesso em 15/01/2020.
[2] Disponível em https://economia.uol.com.br/noticias/redacao/2019/11/22/influenciadores-digitais-trabalho-faturamento-digital-influencer.htm. Acesso em 15/01/2020.
[3] Disponível em https://exame.abril.com.br/negocios/dino/instagram-15-vezes-mais-interacoes-que-outras-redes-sociais/. Acesso em 15/01/2020.

A informação, apesar de tantas tecnologias, ainda é motivo para prejudicar o clima organizacional. Sobre isso, o endomarketing é uma das estratégias para as empresas se aproximarem cada vez mais dos consumidores internos (funcionários diretos e indiretos e seus familiares, fornecedores etc.). O endomarketing pode ser definido como um conjunto de ações que busca, a partir do produto ofertado, um engajamento (comunicação) e venda (comercialização) aos funcionários e às pessoas que os cercam.

Entretanto, este engajamento e venda estão diretamente relacionados ao clima organizacional. Quanto mais apropriado o clima, maior a possibilidade de uma comunicação aceitável e, consequentemente, venda ao funcionário. Uma velha frase diz "venda seus produtos aos seus funcionários e eles dirão o quanto bom eles são!". Podemos atualizar essa frase para "venda um clima organizacional apropriado aos seus funcionários e eles dirão o quanto de produtos eles comprarão!".

Para você perceber a relação compra no clima organizacional x produto, faça o indicador do endomarketing comercial:

Vendas internas / quantidade de funcionários (BARRETO, 2021, p. 504).

Apesar dessa perspectiva de venda voluntária, ou seja, o incentivo às pessoas comprarem, o influenciador, quando do ponto de vista do seu interesse, vai além, promovendo a marca, produto ou serviço involuntariamente, muitas vezes, sem nem perceber que está agindo dessa maneira. Barreto (2021) define essa ação como *hint-branding*, um tipo de agradecimento que o indivíduo tem em relação ao produto/serviço que o faz sugerir o seu uso/consumo. É a fidelização expressa por meio da dica que essa pessoa dá aos seus próximos, incluindo as redes sociais.

Por exemplo, responda com visão de dono:

Você concorda que funcionários fidelizados ao produto ou serviço e, ao mesmo tempo, influenciadores em relação ao meio que vivem, são, sem dúvida, uma das melhores aquisições para as empresas?

Se conciliarmos essa capacitação de influenciar com a capacitação de executar as tarefas que o cargo determina, esse profissional pode ser um recurso valioso à organização.

4.3.1 O desenvolvimento da fórmula do Currículo Inclusivo

Uma das histórias mais contadas nas escolas, para tratar da matemática, diz respeito a um aluno que, aos oito anos de idade, resolveu prontamente o problema apresentado pelo seu professor, bem mais rápido do que se esperava. Foi, a partir dessa resolução, que um dos raciocínios matemáticos mais conhecidos foi desenvolvido. Quem a criou? Gauss, conhecido como o príncipe da matemática.

A atividade proposta era fazer com que os alunos somassem todos os números de 1 a 100. Ao perceber que a soma do primeiro com o último número gerava o mesmo resultado que o segundo número com o penúltimo, o terceiro com o antepenúltimo e assim sucessivamente, rapidamente o problema foi resolvido da seguinte maneira:

- Somar de 1 a 100 é encontrar 50 vezes o resultado 101, o que pode ser definido que 50 x 101 = 5050.
- Esse conceito dá início à progressão aritmética (PA), ou seja, uma sucessão de números em que se apresenta sempre o mesmo resultado dada a sua sucessibilidade.

Esse é apenas um dos diversos exemplos de formulação matemática, algo tão importante que está presente em diversos momentos, influenciando as nossas decisões, sejam elas pessoais ou profissionais. Diante da importância da matemática e antes mesmo da análise do desenvolvimento do Currículo Inclusivo, vamos caracterizar a fórmula como a expressão matemática que se utiliza de variáveis previamente definidas e, ao serem combinadas, produzem um resultado.

Dentre as técnicas para consolidação de uma fórmula, vamos considerar a adaptação da Prova direta, utilizando-se da lógica dos axiomas, teoremas e definições já existentes para a análise do Currículo Inclusivo (CIn). Nessa estratégia, a proposta é a de que as hipóteses (h) são verdadeiras e, consequentemente, a conclusão (q) é verdadeira.

- CIn (h1) = Maior o score do profissional, maior a sua capacitação;
- CIn (h2) = Aumenta a padronização do currículo, aumenta a possibilidade de equidade no processo seletivo.
- CIn (h3) = Reduz o intervalo do score desejado, aumenta a possibilidade de encontrar o profissional ideal.

Diante das três hipóteses, podemos concluir que:

- CIn (q) = O score do profissional, parametrizado por meio da padronização do currículo, resulta em equidade do processo de triagem e no aumento da possibilidade de seleção do profissional ideal.

A proposta da fórmula foi assim estabelecida:

a) Axioma: Definindo como premissa evidente e verdadeira por meio de demonstração, remetem aos recrutadores que, ao buscarem por um profissional, analisam aspectos como a experiência profissional e a escolaridade, caracterizados, de maneira geral, como os mais relevantes. Entretanto, com o avanço tecnológico e as mudanças do mercado, aspectos como experiência empreendedora, criação de conteúdo e atuação em ações das mais diversas e projetos tornaram-se relevantes na análise do currículo, além do envolvimento das redes sociais e o impacto na tomada de decisão.

b) Definições: Destacadas como as informações mais elaboradas que corroboram para entender os novos elementos para a criação de uma teoria, tratam, sob o ponto de vista dos currículos, os itens que compõem a dimensão.

c) Teorema: Definido como a conclusão lógica a partir dos fatos, pois, pelas suas demonstrações, tornam-se verdadeiras, trazendo à tona a combinação efetiva das dimensões e dos itens que as compõem, transformando o score em um potencial selecionador de profissionais.

Após o processo de desenvolvimento da perspectiva de estudo, foram propostas as dimensões e os seus respectivos itens:

1) Escolaridade: Nesta dimensão, há uso da aplicação recorrente de escala por titulação alcançada.

Titulação (item)	Pontuação
Graduação	1
Pós-Graduação - MBA	2
Mestrado	3
Doutorado	4,5
Pós-Doutorado	5

A titulação Pós-Doutorado, apesar de ser a sequência do Doutorado, é reconhecido como curso de extensão, logo, tem relevância menor que o próprio curso que o antecede. Mesmo assim, foi mantida a pontuação escalonada e devidamente corrigida na variável atribuída para cada uma das titulações.

Item	Variável do item (Vn)	Variação entre variáveis
Graduação	0,500	
Pós-Graduação - MBA	1,000	100,0%
Mestrado	1,500	50,0%
Doutorado	2,000	33,0%
Pós-Doutorado	1,000	-50,0%
Total	6,000	

O conceito utilizado para determinação das variáveis está no grau de importância da sequência de titulação. Como uma pós-graduação MBA é, do ponto de vista do mercado, mais importante que o mestrado, doutorado e pós-doutorado (há visão deturpada que essas titulações estão direcionadas apenas ao perfil acadêmico), ela possui acentuada variação quando comparada à titulação anterior e o mesmo peso do pós-doutorado. Entretanto, pela contribuição ao estudo e pesquisa, além do próprio desenvolvimento profissional, mestrado e doutorado possuem as maiores pontuações.

2) Experiência Profissional: O mapeamento sobre experiência profissional deve ir além dos anos de atuação nas empresas e dos cargos desempenhados, alcançando aspectos de aceitação à cultura organizacional e a devida adaptação do profissional ao meio, apesar da subjetividade que se apresenta. Além disso, pela importância cada vez maior, foram incluídos nessa dimensão os itens idioma e cursos extras de aperfeiçoamento, exigências em boa parte dos processos seletivos.

Com a expansão da China desde o início do século XXI, o mandarim tornou-se um dos principais idiomas, ainda aquém do inglês como o principal na rodada de negócios. Apesar da grande disponibilidade de cursos e tempo de duração disponíveis, entende-se que apenas os principais devem ser citados.

Item	Variável	Variação entre variáveis
MPE	1,000	
Média Empresa	1,200	20,0%
Grande Empresa	1,500	25,0%
Idioma	0,800	
Cursos Extras	0,500	
Total	5,000	

3) Experiência Empreendedora: Mais uma das novas exigências do mercado, o empreendedorismo foi dividido em atuação interna (em uma empresa como um funcionário ou afins) e externa (em uma empresa como proprietário ou afins).

Item	Variável	Variação entre variáveis
MPE	1,200	
Média Empresa	1,700	41,6%
Grande Empresa	2,100	24,0%
Total	5,000	

4) Autenticidade Virtual: Trata da relevância do profissional do ponto de vista da sua contribuição, seja por meio de materiais escritos ou falados. Essa necessidade está relacionada à capacitação efetiva do indivíduo, uma vez que as redes sociais proporcionaram uma série de facilidades para a disseminação de conteúdo, muitas vezes questionáveis e com qualidade duvidosa.

Item	Valoração do item	Variação entre variáveis
Blogs e podcasts	0,200	
Folhetos	0,400	100,0%
Materiais conteudistas	0,700	75,0%
Artigos	0,700	0,0%
Livros	1,000	42,9%
Total	3,000	

5) Tecnologia, Inovação e Negócios: Essa dimensão atua como complementação das demais, não havendo relação direta entre os seus itens, diferenciando-a das anteriores. Assim, as variáveis propostas estão condicionadas à execução de determinada atividade e o poder que o profissional tem sobre ela. Por exemplo, os itens que tratam de empreendedorismo tem maior possibilidade de serem implementados ou, ao menos, gerar uma iniciativa, diferentemente dos demais itens, dependentes de outros fatores não controláveis pelo profissional.

Item	Valoração do item
Aplicativos e afins	0,250
Inovação e Empreendedorismo	0,450
Empreendedorismo Corporativo	0,600
Práticas ESG	0,250
Projetos	0,450
Total	2,000

6) Relacionamento Virtual: É a quantidade de seguidores. Como este número é totalmente aleatório de pessoa para pessoa ao se considerar fatores diversos, tais como, interesse em engajamento, apelo comercial etc., foram estabelecidos intervalos e, assim, associados à respectiva pontuação. O critério dos intervalos seguiu a mesma regra das dimensões (pontuação total igual a 6), apresentando a correlação positiva entre o aumento do intervalo e o de seguidores. Esse tabelamento fora apresentado em conversão de seguidores.

Após a devida estruturação, o próximo passo foi categorizar as dimensões em acordo com a relevância que elas desempenham dentro do modelo standard. Para isso, considerou-se três classificações: primária, secundária e acessória. Apesar da possibilidade de alteração das duas primeiras, a classificação acessória diz sobre o Relacionamento Virtual, não alterável pela sua característica restrita ao número de seguidores em redes sociais, importante componente em tempos de desenvolvimento tecnológico recorrente, mas insuficiente para o fim proposto, logo, jamais alocada como primária ou secundária, mas sempre elemento divisório na formulação.

Dimensão	Sigla	Fator	Categorização
Escolaridade	Esc	2	Primária
Experiência Profissional	Exp		
Experiência Empreendedora	Emp		
Autenticidade Virtual	Aut	1	Secundária
Tecnologia, Inovação e Negócios	Tin		
Relacionamento Virtual	Rev	-	Acessória

Com a base formada da fórmula, entende-se que:

CIn = 2 * Primária * 1 * Secundária / Acessória

Transformando em uma equação, temos:

CIn = x2 * x / 1

Utilizando-se a categorização, obtém-se:

$CIn = Primária^2 * Secundária / Acessória$

Transformando esses dados nas respectivas dimensões, temos:

CIn = 2 * Esc * (Exp + Emp + Aut + Tin) / Rev

Como as dimensões fazem parte da combinação de uma equação de primeiro grau, atribui-se a raiz na formulação:

CIn = √Esc * Esc * (Exp + Emp + Aut + Tin) / Rev

Ajustando a fórmula, temos:

$$CIn = \frac{\sqrt{2} * rDEsc * \Sigma(rDExp + rDEmp + rDAut + rDTin)}{rDRev}.$$

É sempre importante ressaltar que, na busca do score do profissional:

- A proposta da fórmula diz que, dada a possibilidade híbrida, a dimensão primária pode tornar-se uma secundária e vice-versa, pois, essa variação de relevância depende de fatores como o cargo pretendido, a região de atuação, a estratégia da empresa contratante etc.; e
- Por outro lado, a dimensão acessória deve manter-se uma divisora, pois, como o modelo standard apresenta, trata-se de uma espécie de complemento ao que se é essencial, além do certo grau de subjetividade, ou seja, não é possível afirmar que o valor gerado pelo número de seguidores tem relação direta com a capacitação do profissional, diferentemente do que acontece nas dimensões alocadas como primária e secundárias.

Para facilitar a busca pelo profissional ideal, foram criados seis perfis distintos, denominados de iniciante, trainee, júnior, pleno, sênior e master, com o objetivo de, a partir do score, definir o momento de carreira do profissional, assim como informações (perspectivas) relevantes sobre a sua trajetória.

Quadro 8: Currículo Inclusivo – Características de perfil

Descrição	CIn (pontuação)	Perfil	Características/Observações ao selecionador
Iniciante	De 0,00 até 2,00	IN	Possível necessidade de treinamento e aperfeiçoamento. O perfil exige garra para buscar conhecimento e aprendizado, ter preocupação com melhoria de processo, afinidade com tecnologia e ser proativo.
Trainee	De 2,01 até 6,00	TR	Possível experiência (em geral, curta) para desempenhar atividade específica, após treinamento e direcionamento das ações. Como é, de certa forma, uma transição importante na carreira, deve se buscar o profissional que esteja em contínuo aprendizado.
Influenciador Júnior	De 6,01 até 12,00	IJ	Possível experiência na área de atuação. É indicado que nesse perfil seja pós-graduado e já tenha desenvolvido algum tipo de empreendedorismo nas experiências de trabalho anteriores. Indica-se ainda cargo de baixa liderança, tais como, líder operacional e similares. A sua influência ainda é incipiente, o que tende à dificuldade em tomar decisões e assumir responsabilidades que o coloque na linha de frente dos negócios. IJ com potencial identificado pelo superior/contratante, é importante investir em treinamento e desenvolvimento.

Descrição	CIn (pontuação)	Perfil	Características/Observações ao selecionador
Influenciador Pleno	De 12,01 até 30,00	IP	Possível experiência consolidada na área de atuação. São indicados cargos de liderança medianos, tais como, coordenação e supervisão, quando o CIn estiver abaixo da metade do seu intervalo. Acima da metade do seu intervalo, é sugerida avaliação para cargos gerenciais. É importante exigir informações e resultados gerados sobre empreendedorismo (corporativo ou não) e práticas ESG (optativo). A influência geralmente é alta no meio em que está envolvido, sendo um formador de opinião.
Influenciador Sênior	De 30,01 até 50,00	IS	Provável experiência de gestão na área de atuação e/ou outras áreas. São indicados cargos de liderança estratégicos, tais como, gerentes e diretores. É importante exigir informações e resultados gerados sobre empreendedorismo (corporativo ou não), projetos e práticas ESG (optativo). A sua influência é representativa dentro do seu meio, com forte formação de opinião e direcionamento das pessoas aos seus pontos de vista nos mais variados assuntos, independentemente de conhecimento aprofundado.
Influenciador Master	Acima de 50	IM	Profissional com larga experiência, costuma causar influência sobre as pessoas, é formador de opinião e tem realizações de relevância. Se atuante em redes sociais e com grande quantidade de seguidores, indicam-se ações diversas com o profissional utilizando esse meio. É comum direcionar a atividade profissional ao seu critério e não pelo contratante.

Após a fórmula apresentada e devidamente conceituada, torna-se necessária a sua aplicação para validação. Para isso, vamos executar duas ações: o funcionamento do processo de recrutamento e seleção, envolvendo a quantidade de currículos e o tempo de realização da busca e contratação do profissional e, posteriormente, a simulação de captação de currículos para avaliação do método.

Figura 35: Comportamento do processo de triagem por processo

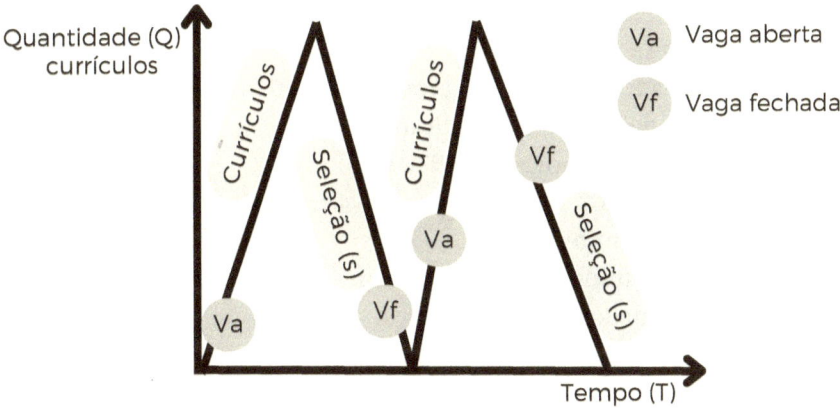

Partindo do ciclo T (começo e fim do recrutamento e seleção) em que ocorre(m) processo(s) de triagem, recebendo uma quantidade Q de currículos, o raciocínio matemático pode ser assim expresso:

Recrutamento e seleção (R&S) = Td * Tt / V

Em que:

Td = tempo disponível para R&S, composto por:

cR&S = ciclo para o recrutamento e seleção

hT = dedicação para R&S

dT = dedicação para triagem de currículo

E a complementação da fórmula:

Tt = tempo estimado para triagem de 1 currículo

V = vagas

Nessa proposição, pelo ciclo do processo de recrutamento e seleção, dedicação exclusiva ao processo seletivo e, especificamente, dedicação à triagem de currículos, obtém-se a quantidade máxima de currículos a serem recebidos. Com isso, pela captação de currículo de cada vaga, determina-se o tempo de triagem no(s) processo(s) seletivo(s) analisado(s). Por exemplo, em um processo aberto pela empresa X, foram gerados os seguintes dados:

V = 2 vagas distintas;

Dedicação para R&S = 40% do horário de trabalho para esse fim

Ciclo para o recrutamento e seleção = 10 dias

Dedicação na triagem = 18%

Tempo de triagem projetado para 1 currículo = 1 min

Então:

1.920 * 0,40 * 0,18 * 1 / 2 = 173 currículos por vaga

Logo,

- 10 dias transformados em hora total trabalhada: 10 * 8 = 80h.
- Desse total, 40% do tempo foi dedicado ao processo de recrutamento e seleção, equivalente a 32 horas ou 1.920 minutos.
- Se a meta é utilizar 18% desse tempo com a triagem de currículo, foram disponibilizados 346 minutos.
- Como a meta é 1 minuto para a triagem, são 346 currículos a serem analisados e selecionados ou 173 por vaga.

Entretanto, sabemos que o recebimento dos currículos não deve ser exatamente igual, dependendo da vaga e perfil desejados. Assim, vamos supor que a vaga 1 tem capacidade de recebimento grau 0,6 e a vaga 2 tem capacidade de recebimento 0,4 (o máximo para cada capacidade é 1, ou seja, quanto mais próximo do máximo, mais currículos podem ser recebidos).

Então, precisamos ajustar a fórmula:

Triagem = (Td / V) / (Td * GrV1) + (Td / V) / (Td * GrV2)

Em que:

Gr = grau da capacidade de recebimento por vaga

Logo,

(Td / V) / (346 * 0,6) + (Td / V) / (346 * 0,4)

Aproximadamente, 208 currículos para a vaga 1 e 138 para a vaga 2

Agora, como tempo de triagem por currículo torna-se variável por vaga, é preciso gerar o novo resultado:

tmt Vaga 1 = 173 / 208 = 0,83 min por currículo, algo em torno de 49 segundos; e

tmt Vaga 2 = 173 / 138 = 1,25 min por currículo, algo em torno de 75 segundos.

tmt médio: (V1 + V2) / 2 ou (49 + 75) / 2 = 62 segundos por currículo

Com o tmt (tempo médio de triagem) por currículo definido, percebe-se que, considerando o exemplo apresentado, os resultados estão bem acima da média de 30 segundos destacada pelos recrutadores. Nesse caso, a alternativa para alcançar o mesmo desempenho é alocar mais vagas com os mesmos recursos disponíveis ou ainda aumentar o grau de capacidade de recebimento por vaga até alcançar tmt = 0,50, o que significa 30 segundos por currículo, o mínimo padrão estabelecido para análise do documento.

Agora, a segunda ação é testar o modelo. Para isso, foram realizadas 1.000 iterações por meio de dados aleatórios em cada um dos itens que compõem as dimensões, assim estabelecido:

Quadro 9: Dados aleatórios – iteração

Dimensão	Item	Mínimo	Máximo
Escolaridade	Todos	-	-
Experiência Profissional	MPE, ME ou GE (em anos)	0	10
	Idioma (qtde.)	1	5
	Cursos extras (qtde.)	0	20
Experiência Empreendedora	MPE, ME ou GE (em anos)	0	5
Autenticidade Virtual	Todos (qtde.)	0	5
TIN	Todos (qtde.)	0	5
Relacionamento Virtual	Seguidores	1	5.000.000

Observações:
1) Para todos os itens das dimensões foi utilizada a fórmula AleatórioEntre(mínimo; máximo) do Excel.
2) Na dimensão Escolaridade foi considerado entre 0 (sem diploma ou cerificação) e 1 (com diploma ou certificação).
3) Como a variabilidade na dimensão Relacionamento Virtual é extensa, foi proposto, para esse teste, um intervalo intermediário assim estabelecido:
a) Do profissional 1 até 50: AleatórioEntre(1; 5.000.000)
b) Do profissional 51 até 150: AleatórioEntre(1; 3.000.000)
c) Do profissional 151 até 300: AleatórioEntre(1; 1.000.000)
d) Do profissional 301 até 400: AleatórioEntre(1; 500.000)
e) Do profissional 401 até 500: AleatórioEntre(1; 300.000)
f) Do profissional 501 até 600: AleatórioEntre(1; 200.000)
g) Do profissional 601 até 750: AleatórioEntre(1; 100.000)
h) Do profissional 751 até 1.000: AleatórioEntre(1; 50.000)

Diante dos dados simulados, todos os perfis profissionais foram alcançados, retratando algumas informações importantes acerca da efetividade do modelo Currículo Inclusivo.

Perfil	Qtde.	Média CIn
IN	11	1,87
TR	423	3,28
IJ	177	8,40
IP	179	16,08
IS	176	28,80
IM	34	56,38

Com o resultado, é possível analisar os dados gerados, permitindo considerações importantes acerca do modelo:

- A maior pontuação: Com score de 72,32, o profissional simulado tem o seguinte perfil:

Dimensão	Informação
Escolaridade	Pós-Doutorado
Experiência Profissional	Atuante 6 anos em MPE, 10 anos em ME e 8 anos em GE. Além disso, fala 2 idiomas e fez 3 cursos extras.
Experiência Empreendedora	Atuante 5 anos em MPE, 3 anos em ME e 5 anos em GE.
Autenticidade Virtual	Publicações: 4 folhetos, 2 materiais conteudistas, 2 blogs/podcasts e 2 livros.
TIN	Desenvolvimentos: 4 aplicativos e afins, 3 inovações e empreendedorismo, 5 empreendedorismo corporativo, 3 práticas ESG e 5 projetos.
Relacionamento Virtual	Seguidores: 583.472

Esse profissional tem alta formação acadêmica e consolidada experiência profissional, seja como empregado (24 anos) ou como empreendedor (13 anos), sugerindo que essas atividades foram realizadas, em algum momento, ao mesmo tempo. É de certa forma atuante em projetos e práticas ESG, além de manter mais de meio milhão de seguidores em suas redes sociais, caracterizando-o como potencial engajador dos produtos e serviços da empresa em que faz parte.

- A menor pontuação: Com score de 1,64, o profissional simulado tem o seguinte perfil:

Dimensão	Informação
Escolaridade	Sem graduação
Experiência Profissional	Atuante 6 anos em MPE e 1 ano em GE. Além disso, fala 4 idiomas e fez 7 cursos extras.
Experiência Empreendedora	Atuante 2 anos em ME e 3 anos em GE.
Autenticidade Virtual	Publicações: 2 materiais conteudistas, 4 blogs/podcasts e 1 artigo.
TIN	Desenvolvimentos: 5 aplicativos e afins, 3 práticas ESG e 3 projetos.
Relacionamento Virtual	Seguidores: 4.896

O grande destaque para esse profissional é a quantidade de idiomas, mas que ainda o mantém como perfil iniciante pela baixa experiência profissional e a falta da escolaridade mínima (no modelo standard, a principal dimensão).

Outra ação para validar a fórmula, utilizando-se da iteração proposta, foi analisar o perfil gerado em cada um dos 1.000 profissionais. Para isso, a separação em acordo com o score tornou possível identificar, dentro dos perfis, o comportamento da simulação. Para começar, observe o resultado da dimensão Escolaridade.

Dimensão	Item	IN	TR	IJ	IP	IS	IM
	Graduação	0	3	129	179	176	34
	Pós-Graduação	0	0	30	109	109	16
Esc	Mestrado	0	0	0	74	145	34
	Doutorado	0	0	0	2	99	30
	Pós-Doutorado	0	0	0	0	49	17

Nessa primeira dimensão, nota-se que mais de 50% dos profissionais simulados possuem graduação, enquanto pouco mais de 5% têm pós-doutorado. Como não é obrigatório o profissional ter a pós-graduação MBA para ter o mestrado, na simulação, no IS tem mais alunos com formação *strictu sensu*.

Dimensão	Item	IN	TR	IJ	IP	IS	IM
	MPE	2,9	4,9	4,8	5,2	4,7	5,4
	Média empresa	1,9	4,9	5,1	4,6	5,5	4,7
Exp	Grande empresa	1,5	4,8	5,2	5,0	5,2	4,7
	Idioma	3,0	3,1	3,1	3,2	3,0	2,6
	Cursos extras	6,7	9,6	9,9	9,9	10,4	10,2
	MPE	1,1	2,6	2,6	2,4	2,8	2,1
Emp	Média empresa	1,1	2,4	2,5	2,3	2,7	2,5
	Grande empresa	1,4	2,5	2,4	2,5	2,7	2,6

Nas dimensões Experiência Profissional e Empreendedora percebe-se certa linearidade, apesar dos perfis, do ponto de vista do score, serem bem distintos. Nesse caso, a simulação, a partir de parâmetros idênticos para todos os perfis, pode ter gerado viés pontual pela aleatoriedade empregada.

Dimensão	Item	IN	TR	IJ	IP	IS	IM
	Folhetos	2,5	2,4	2,6	2,6	2,8	2,8
	Materiais conteudistas	1,6	2,3	2,6	2,5	2,6	2,4
Aut	Artigos	1,5	2,5	2,6	2,6	2,5	1,9
	Blogs e podcasts	2,5	2,4	2,4	2,4	2,5	2,6
	Livros	1,4	2,5	2,5	2,6	2,6	1,5
	Aplicativos e afins	2,5	2,6	2,6	2,5	2,6	2,8
	Inovação e empreendedorismo	1,9	2,5	2,4	2,5	2,6	3,1
TIN	Empreendedorismo corporativo	2,3	2,5	2,6	2,5	2,2	2,5
	Práticas ESG	3,0	2,4	2,5	2,6	2,7	2,5
	Projetos	2,5	2,5	2,1	2,6	2,4	2,2

	IN	TR	IJ	IP	IS	IM
Rev	23.533	247.488	640.713	272.416	547.203	1.341.913

Observações:

1) O resultado de cada item é a média encontrada na simulação de 1.000 iterações.

2) Em todos os itens das dimensões, foi utilizada a fórmula AleatórioEntre(mínimo; máximo) do Excel, permitindo gerar quantidades diferentes de perfis.

Como se trata de uma simulação sugerida pelo aplicativo Excel, algumas informações podem conter viés, como a correlação positiva entre aumento de seguidores e do score. Por exemplo, se considerarmos apenas profissionais com 500.000 seguidores ou mais, o resultado simulado ficaria assim:

Dimensão	Item	IN	TR	IJ	IP	IS	IM
Esc	Graduação	0	0	0	22	38	34
	Pós-Graduação	0	0	0	0	26	16
	Mestrado	0	0	0	0	13	34
	Doutorado	0	0	0	0	0	30
	Pós-Doutorado	0	0	0	0	0	17
Exp	MPE	0	4,7	5,6	5,8	5,7	5,4
	Média empresa	0	4,2	5,9	4,8	5,6	4,7
	Grande empresa	0	3,0	5,6	5,5	5,0	4,7
	Idioma	0	3,1	3,4	3,2	3,2	2,6
	Cursos extras	0	9,8	10,7	10,4	11,4	10,2
Emp	MPE	0	2,3	2,9	2,2	2,8	2,1
	Média empresa	0	1,9	2,6	2,5	2,8	2,5
	Grande empresa	0	1,8	2,5	2,3	2,8	2,6
Aut	Folhetos	0	2,1	2,8	2,1	2,7	2,8
	Materiais conteudistas	0	1,9	2,9	2,6	2,4	2,4
	Artigos	0	2,4	2,8	3,0	2,1	1,9
	Blogs e podcasts	0	2,6	2,6	3,0	2,5	2,6
	Livros	0	2,2	2,5	2,5	2,4	1,5
	Aplicativos e afins	0	2,1	2,7	2,5	2,4	2,8
TIN	Inovação e empreendedorismo	0	2,4	2,4	2,8	2,6	3,1
	Empreendedorismo corporativo	0	2,1	2,7	2,6	1,9	2,5
	Práticas ESG	0	2,6	2,4	2,8	2,6	2,5
	Projetos	0	2,4	2,2	2,3	2,4	2,2

	IN	TR	IJ	IP	IS	IM
Rev	0	1.160.171	2.152.813	1.503.514	2.010.645	1.341.913

Nessa simulação, a distribuição dos perfis ficou assim:

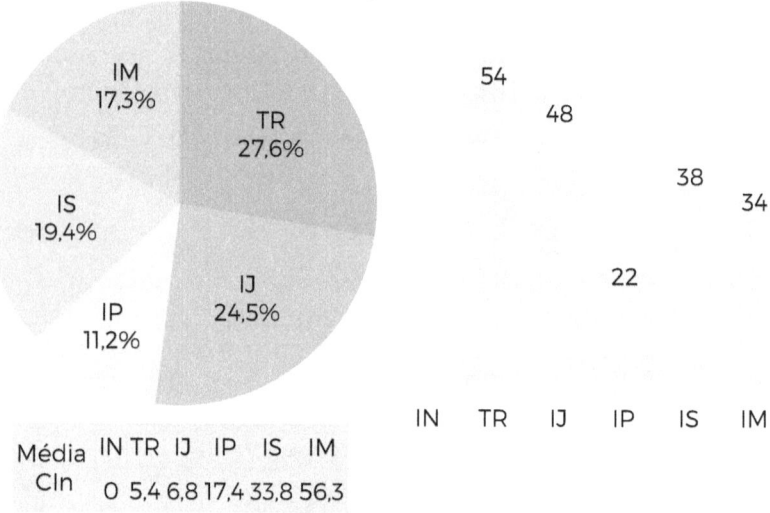

Média CIn	IN	TR	IJ	IP	IS	IM
	0	5,4	6,8	17,4	33,8	56,3

Com a simulação envolvendo a possibilidade de grande número de seguidores, o impacto das redes sociais e afins no score do profissional pode ser percebido, tornando-as cada vez mais relevantes aos negócios, mesmo que a experiência profissional ainda esteja em evolução. Observe que o perfil IN sequer apareceu na modelagem, pois, mesmo que outros itens das demais dimensões apresentem baixa experiência e atuação, a quantidade de seguidores eleva o perfil do profissional.

Mais uma vez, não podemos afirmar que, ao classificar o perfil do profissional envolvendo a sua rede de seguidores, esse seja o melhor modelo de triagem de currículos, na verdade, sabemos que está longe disso, todavia, em momento tecnológico tão avançado, não considerar a contratação do profissional que apresenta, ao menos, 500 mil seguidores em suas redes sociais, destacando potencial enorme de endomarketing e engajamento, parece ser uma decisão errada que precisa ser revista, por mais que esse indivíduo possa ser menos capacitado, no momento da triagem, do que outros candidatos.

Mas, o contrário pode ser verdadeiro. Para se entender um pouco mais a importância das redes sociais, agora foram relacionados, dentro dos dados simulados, os profissionais com, no máximo, 50.000 seguidores.

Dimensão	Item	IN	TR	IJ	IP	IS	IM
Esc	Graduação	0	3	73	75	54	0
	Pós-Graduação	0	0	26	47	38	0
	Mestrado	0	0	0	50	54	0
	Doutorado	0	0	0	2	50	0
	Pós-Doutorado	0	0	0	0	26	0
Exp	MPE	2,7	5,2	4,4	5,5	4,2	0
	Média empresa	1,7	5,1	4,8	5,1	5,9	0
	Grande empresa	1,6	5,2	4,8	5,0	5,1	0
	Idioma	3,2	3,0	3,0	3,3	2,9	0
	Cursos extras	7,2	9,8	9,4	10,3	9,6	0
Emp	MPE	1,2	2,8	2,4	2,6	3,0	0
	Média empresa	1,0	2,6	2,5	2,4	2,6	0
	Grande empresa	1,5	2,6	2,3	2,8	2,7	0
Aut	Folhetos	2,7	2,5	2,4	2,8	2,7	0
	Materiais conteudistas	1,7	2,2	2,4	2,7	2,6	0
	Artigos	1,2	2,5	2,6	2,5	2,4	0
	Blogs e podcast	2,8	2,2	2,2	2,2	2,2	0
	Livros	1,4	2,5	2,5	2,3	2,6	0
	Aplicativos e afins	2,8	2,6	2,4	2,7	2,8	0
TIN	Inovação e empreendedorismo	1,7	2,4	2,4	2,4	2,5	0
	Empreendedorismo corporativo	2,5	2,4	2,6	2,6	2,5	0
	Práticas ESG	3,3	2,3	2,4	3,0	3,0	0
	Projetos	2,2	2,5	2,3	2,5	2,5	0
Rev	IN	TR	IJ	IP	IS	IM	
	17.296	23.917	23.378	26.915	25.184	0	

Com a nova configuração, alguns outros aspectos são percebidos, destoando do cenário anterior e, de certa maneira, ratificando as disparidades entre ter ou não ter muitos seguidores em tempos de dominância das redes sociais. Antes de analisarmos, vamos complementar os resultados.

Nessa simulação, a distribuição dos perfis ficou assim:

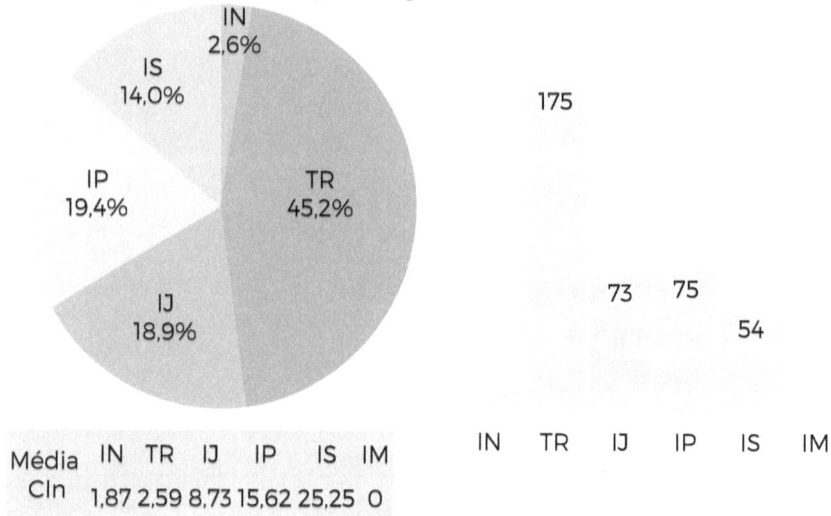

Média	IN	TR	IJ	IP	IS	IM
CIn	1,87	2,59	8,73	15,62	25,25	0

Se comparado ao recorte anterior (perfil IN), perceba que a outra extremidade não foi encontrada (perfil IM), em claro impacto do número de seguidores na classificação de perfil. Entretanto, lembre-se que os dados apresentados foram simulados com o objetivo de validar o modelo Currículo Inclusivo do ponto de vista estrutural e não da variância apresentada. Portanto, por mais que a simulação tenha validado o modelo, é preciso analisarmos a aplicação em situações reais de negócio. Para isso, um profissional foi selecionado.

4.3.2 O cálculo do Currículo Inclusivo – um caso prático

A busca pelo profissional ideal deve ser uma constante atividade de qualquer empresa. Apesar dessa premissa, não podemos esquecer que o melhor profissional não é, necessariamente, o profissional ideal, pois a necessidade de alinhamento à cultura organizacional deve ser tão relevante quanto a capacitação do indivíduo.

Todavia, boa parte das empresas ignora tal validação, selecionando, como único critério, o profissional caracterizado como o melhor, gerando ao longo do tempo insatisfações e até *turnovers*. Obviamente, conciliar as vertentes melhor e ideal não é tarefa fácil, mas o método Currículo Inclusivo pode ser um dos mecanismos que contribui para aproximar tais perspectivas, reduzindo o erros no processo seletivo e, assim, minimizando demissões e substituições.

Para testarmos o modelo, um profissional foi selecionado para a aplicação real do Currículo Inclusivo, em clara tentativa de conhecer o profissional já no início do processo seletivo.

Tabela 11: Valoração dos itens nas dimensões – caso para estudo

Escolaridade	Graduação	Pós-Graduação	Mestrado	Doutorado	Pós-Doutorado
Resposta	Concluída	Concluída	Concluído	Concluído	Concluído
Pontuação alcançada	28,35				

Experiência Profissional	MPE (anos)	ME (anos)	GE (anos)	Idiomas	Cursos Extras
Resposta	10	10	5	2	10
Pontuação alcançada	39,71				

Experiência Profissional	MPE (anos)	ME (anos)	GE (anos)
Resposta	10	-	-
Pontuação alcançada	13,80		

Autenticidade virtual	Folhetos	Materiais conteudistas	Artigos	Blogs e podcasts	Livros
Resposta	-	10	4	-	-
Pontuação alcançada	9,80				

TIN	Aplicativos e afins	Inovação e empreend.	Empreend. corporativo	Práticas ESG	Projetos
Resposta	2	-	5	1	-
Pontuação alcançada	3,38				

Relacionamento virtual	Qtde.
Resposta	12.000
Pontuação alcançada	2,50

CIn = 38,89
Perfil IS

Observações:
MPE (micro e pequena empresa)
ME: média empresa
GE: grande empresa

Em cada dimensão, as variáveis funcionam por meio dos itens relacionados. Na dimensão **Escolaridade**, o objetivo é medir o aperfeiçoamento do profissional por meio dos estudos formais (caracterizados pelas certificações e diplomas expedidos por instituição de ensino devidamente regularizada), gerando pontuação crescente conforme a relevância do curso. É sempre importante ressaltar que os estudos, a partir da graduação, seguem o conceito difundido no mercado para determinar o nível de relevância:
Graduação → Pós-graduação MBA → Mestrado → Doutorado → Pós-Doc

O profissional selecionado possui larga experiência profissional, é atuante em diversas frentes de negócio e tem certa relevância no meio em que atua. Os seus dados foram solicitados via aplicativo de mensagens e o retorno foi rápido, com pequenas dúvidas sobre como proceder em alguns itens, prontamente solucionado. Com isso, foi possível montar o score desse profissional. Para facilitar o entendimento, as dimensões serão apresentadas individualmente e, posteriormente, combinadas. Além disso, ratifica-se com uma breve explicação sobre a dimensão e a sua estruturação, quando necessário.

Tabela 12: Dimensão Escolaridade

Dimensão	G	PG	M	D	PD
Pontuação	1,000	2,000	3,000	4,500	5,000
Variável do item (Vn)	0,500	1,000	1,500	2,000	1,000
Referência (diploma/certificado)	Concluído	Concluído	Concluído	Concluído	Concluído

Observações:
1) G (Graduação); PG (Pós-Graduação MBA); M (Mestrado); D (Doutorado); PD (Pós-Doutorado).
2) A pontuação varia conforme a situação do curso (concluído, cursando, paralisado, N/D e sem interesse). Ver tabela.

Nessa dimensão, há duas referências: a primeira é a pontuação pela conclusão dos estudos, atribuindo ao curso menos relevante a pontuação mais baixa e para o curso mais relevante a pontuação mais alta. Além disso, como os cursos tratam de continuidade para a formação do profissional, a pontuação considera a soma de todos os cursos até o período de análise. Assim, é possível aplicar a fórmula do Currículo Inclusivo para essa dimensão:

$$CIn = \frac{\sqrt{2} * rDEsc * \Sigma(rDExp + rDEmp + rDAut + rDTin)}{rDRev}.$$

Considerando que a variável da dimensão foi definida como 1,35:

$$rDEsc = ((1{,}000 * 0{,}500) + (2{,}000 * 1{,}000) + (3{,}000 * 1{,}500) + (4{,}500 * 2{,}000) + (5{,}000 * 1{,}000)) * 1{,}35 = 28{,}35$$

Ao calcular a dimensão Escolaridade, a sua maior pontuação foi alcançada ao sabermos que o profissional selecionado concluiu todas as formações disponíveis. Caso não fosse essa a situação atual, o cálculo seguiria as seguintes condições:

Situação	G	PG	M	D	PD
Concluído	1,000	2,000	3,000	4,500	5,000
Cursando	0,500	1,000	1,500	2,250	2,500
Paralisado	0,350	0,500	1,000	1,750	2,000
N/D	0,250				
Sem interesse	0,100				

Nas situações apresentadas, as condições N/D (não disponível) e Sem interesse aparecem apenas na graduação. Isso acontece porque a primeira situação trata da não disponibilidade por razões diversas (controláveis ou não, como, por exemplo, falta de recurso financeiro para os estudos dentre outras motivações). Na segunda situação destacada, a falta de interesse, independentemente do cargo, passa a ser a menor pontuação possível por critério básico de que o estudo sempre é algo que agrega valor. Assim, entendeu-se que as duas situações devem estar condicionadas às respectivas pontuações únicas. De qualquer maneira, se utilizada nas demais formações, utiliza-se a mesma pontuação da graduação.

Como dito, a dimensão Escolaridade passa ainda por uma particularidade, pois os estudos são, de certa maneira, sequenciais (Graduação → Pós-Graduação MBA → Mestrado → Doutorado → Pós-Doc), apesar de não ser obrigatório (é possível fazer o doutorado após a graduação, sem necessidade da pós-graduação lato sensu (MBA) ou strictu sensu - mestrado). Apesar do profissional selecionado ter formação em todas as opções, caso isso não acontecesse, a pontuação seria a somatória dos cursos realizados em acordo com a sua relevância, independentemente da sequência tradicional de mercado. Na prática, se um profissional tem graduação e doutorado, a pontuação atribuída está em acordo com os dois cursos concluídos.

A dimensão **Experiência Profissional** visa apresentar os anos de trabalho dedicados às empresas, além do estudo de línguas e cursos extracurriculares.

Tabela 13: Dimensão Experiência Profissional

Dimensão	MPE	ME	GE	Idioma	Cursos extras
Referência (tempo/quantidade)	10,0	10,0	5,0	2	10
Variável do item (Vn)	1,000	1,200	1,500	0,800	0,500

Os anos de experiência em cada porte de empresa são representativos, mas possuem certa similaridade, pois não é possível afirmar que o trabalho em uma grande empresa (multinacional ou não) é mais importante do que em uma MPE, por mais que haja certa tendência. Então, para essa situação, a pontuação, mesmo com pequena variação, avaliou como maior relevância o porte da empresa.

Assim, é possível aplicar a fórmula do Currículo Inclusivo para essa dimensão:
$$CIn = \sqrt{2} * rDEsc * \frac{\Sigma(rDExp + rDEmp + rDAut + rDTin)}{rDRev}$$

Considerando que a variável da dimensão foi definida como 1,10:
$$rDExp = ((10,0 * 1,000) + (10,0 * 1,200) + (5,0 * 1,500) + (2 * 0,800) + (10 * 0,500)) * 1,10 = 39,71$$

Nessa dimensão, é importante destacar que os cargos desempenhados pelo profissional poderia determinar mais ou menos pontuação, alterando a definição do seu perfil. Por exemplo, um Diretor teria possibilidade do seu score ser maior ao comparar-se com um Auxiliar, simplesmente pelo cargo, apesar do mesmo tempo de experiência profissional. Entretanto, essa perspectiva foi desconsiderada por dois fatores. O primeiro, é a correlação positiva entre maior cargo e maior aprendizado e conhecimento. Por exemplo:

- A tendência do Diretor ter mais formação acadêmica, idiomas e cursos etc. é real e quase mandatória, aumentando a pontuação em outras dimensões em situações de comparação efetiva.
- A tendência do Diretor ter inovações implementadas, projetos etc. é real e quase mandatória, aumentando a pontuação em outras dimensões em situações de comparação efetiva.

Para refletirmos... e muito!

Na maioria das empresas, a fala de que precisamos inovar, fazer mais com menos e tantas outras ações soam como uma gestão antenada, alinhada com as necessidades atuais de mercado, mas, na verdade, são apenas falácias, ou seja, é enganoso, soa falso... Nos negócios, as falácias também surgem como verdades absolutas. Talvez, a principal delas é algo desse tipo: *"estude, trabalhe incansavelmente, dedique-se à empresa, vista a camisa e, sim, você será recompensado. Quem não faz isso, é preguiçoso, vagabundo e não adianta reclamar que não conquistou porque não se esforçou o suficiente".*

Bom, caso ainda não saiba, isso é uma falácia, você pode fazer tudo proposto na frase e, ainda assim, não conquistar nem 10% do que tinha como objetivo. A vida não é justa, o mercado não valoriza apenas os melhores e mais capacitados, o seu esforço é SEU e nem sempre os gestores, colegas de trabalho, amigos e familiares vão sequer percebê-lo, alegando que outro fez mais.... ainda assim, você deve buscar o que deseja com dedicação, estudos etc., mas saiba que o resultado pode não ser o esperado e a culpa não é sua

Dentro das empresas, em vários momentos as falácias acontecem, destacando os tipos como o espantalho (desfigurar o argumento), *ad hominem* (contra o homem), *ad baculum* (ao bastão, algo punitivo), *ad misericordiam* (pela misericórdia), do escocês (argumento e contra-argumento), derrapagem (exagero) etc.

Outros exemplos nos levam aos medíocres (medianos) gestores e as suas argumentações:

- *"O seu atraso causou o erro".* Nessa falácia da ignorância, não há como comprovar o argumento, mas torna-se válido para justificar.
- *"Se fizerem o que pedi, seremos líderes de mercado".* Na falácia de composição, o gestor garante algo que não depende apenas dele, envolve concorrência, mercado etc.
- *"A área de recebimento é ótima e Fulano terá ótimo desempenho".* Na falácia da divisão, o motivacional do gestor tenta garantir algo para contribuir em sua decisão.

Isso tudo quer dizer algo muito importante: Pare com as falácias empresariais, teremos atrasos; gargalos e atividades improdutivas existem e vão continuar existindo, mas continuam precisando ser eliminadas e não justificadas; saiba que nem todos, mesmo capazes, serão promovidos e por aí vai... Torne essa frase uma prática: *"Como gestor, serei sincero e tentarei com a equipe, dentro das nossas limitações, fazer o correto, isso inclui falar e fazer o combinado entre as partes envolvidas. Não aceito a falácia empresarial pra não me tornar um líder medíocre".* Nem sempre acertaremos, incluindo na contratação, promoção, retenção ou turnover, principalmente pelo ponto de vista da pessoa não favorecida, mas não quer dizer que é uma falácia...

A próxima dimensão é denominada **Experiência Empreendedora**. Como em muitos momentos, o influenciador não é "apenas" o potencial funcionário formal de uma empresa, pode ser o consultor, prestador de serviço ou ainda referência no mercado pelo trabalho à frente do seu próprio negócio, essa dimensão visa entender e ratificar a importância do espírito empreendedor do profissional.

Mas, é preciso saber separar as ações empreendedoras. Então, é importante ressaltar que o empreendedorismo corporativo (EC), aquele desenvolvido dentro das empresas pelo funcionário, está destacado na dimensão Tecnologia, Inovação e Negócios. Assim, nessa dimensão Experiência Empreendedora, considera-se o tempo de atuação nas empresas (ativas ou inativas, como sócio ou proprietário) do profissional. Como a informalidade é grande nesse meio, sugere-se o dado sobre o tempo de experiência por meio das empresas devidamente registradas e dos trabalhos em geral, desde que comprovados de alguma maneira.

Dimensão	MPE	ME	GE
Referência (tempo)	10,0	0,0	0,0
Variável do item (Vn)	1,200	1,700	2,100

Como não é possível comparar empresas pelo seu tempo de existência e sim pelos resultados gerados (faturamento e crescimento), essa dimensão considera o tempo trabalhado do profissional no momento presente ou quando de sua última atuação empreendedora, além do porte da empresa. Por isso, se um empreendedor transformou o seu negócio em uma grande empresa, ele tem maior pontuação do que profissional da MPE.

Assim, é possível aplicar a fórmula do Currículo Inclusivo para essa dimensão:
$$CIn = \sqrt{2} * rDEsc * \frac{\Sigma(rDExp + rDEmp + rDAut + rDTin)}{rDRev}.$$

Considerando que a variável da dimensão foi definida como 1,15:
$$rDEmp = ((10,0 * 1,200) + (0,0 * 1,700) + (0,0 * 2,100)) * 1,15 = 13,80$$

Ao identificarmos que o tempo trabalhado é o dado relevante, quanto menor o período, menor a pontuação adquirida. Entretanto, se o influenciador se destacou no mercado e a sua empresa tornou-se média ou grande, a pontuação atribui esse sucesso (utilizando o critério do porte da empresa).

Outro destaque para essa dimensão é a sua similaridade à dimensão Experiência Profissional, principalmente nos conceitos aplicados. Na prática, isso significa dizer que:

- Se o profissional foi (ou é) sócio de duas empresas que se tornaram grandes, a sua pontuação será considerada pela somatória dos anos trabalhados, mesmo que paralelamente, uma vez que são atividades distintas. O lançamento é somente nessa dimensão.
- Se o profissional atua em uma empresa como empregado e tem ainda o seu próprio negócio, mais uma vez, considera-se a soma dos anos trabalhados, mesmo que simultâneos, pois as experiências são distintas. O lançamento é nessa dimensão (próprio negócio) e na dimensão Experiência Profissional (quando empregado formal).

A dimensão **Autenticidade Virtual** trata dos aspectos voltados à produção intelectual. Nela, são relacionados os conteúdos desenvolvidos pelo profissional ao longo da carreira. Entretanto, esse conteúdo ganha relevância quando apresentado o seu fim, logo, a valoração considera essa perspectiva.

Dimensão	Folhetos	Materiais conteudistas	Artigos	Blogs e podcasts	Livros
Referência (tempo/quantidade)	-	10	4	-	-
Variável do item (Vn)	0,400	0,700	0,700	0,200	1,000

Com o crescimento dos conteúdos por meio de áudio e vídeo, é preciso considerá-los nessa dimensão. Para isso, sugere-se a mesma regra dos demais tipos e o enquadramento em blogs e/ou podcasts. Então, cada domínio (endereço virtual), desde que contenham propósitos diferentes, atribui-se 1 ponto, mesmo que o conteúdo esteja disponível em diversas plataformas. Todavia, a mera criação de conteúdo em ambientes virtuais não deve ser algo quantificado apenas para gerar mais pontuação, então, a sugestão é a vinculação desse material à empresa contratante, tais como, instituição de ensino, empresas de consultoria e treinamento etc., não sendo propriedade do próprio profissional.

Assim, é possível aplicar a fórmula do Currículo Inclusivo para essa dimensão:

$$CIn = \frac{\sqrt{2} * rDEsc * \Sigma(rDExp + rDEmp + rDAut + rDTin)}{rDRev}.$$

Considerando que a variável da dimensão foi definida como 1,00:

$$rDAut = ((0 * 0,400) + (10 * 0,700) + (4 * 0,700) + (0 * 0,200) + (0 * 1,00)) * 1,00 = 9,80$$

A pontuação mais baixa dessa dimensão, quando comparada às anteriores, representa o seu grau de relevância. Isso significa que essa dimensão é relevante, entretanto, menos importante do que as demais. Ainda assim, essa dimensão diz muito sobre alcance e engajamento, determinantes em tempos de alta tecnologia.

Embora o engajamento seja relevante, não foram considerados dados sobre downloads, conteúdos comercializados, número de leitores ou espectadores etc. na consolidação da pontuação do item dentro da dimensão. Isso acontece porque não é possível afirmar que o material com milhares de downloads foi mais relevante do que outro, pois seria necessária análise comparativa mais aprofundada , envolvendo investimento, formas de divulgação etc.

A dimensão **Tecnologia, Inovação e Negócios (TIN)** contempla duas das maiores buscas por uma empresa: o envolvimento do profissional com as ferramentas tecnológicas disponíveis e a sua capacidade de inovar e fazer acontecer. Quando se fala em tecnologia e negócios, há consenso sobre os seus entendimentos, quando o tema é inovação, nem tanto. Assim, na busca de unificar conceitos, a inovação pode ser caracterizada por uma das três situações abaixo:
- *Make old things in a new way* (fazer coisas velhas de um jeito novo)
- *Make new things in a old way* (fazer coisas novas de um jeito velho)
- *Make new things in a new way* (fazer coisas novas de um jeito novo)

Nos últimos anos, com o crescimento da ideia do empreendedorismo, muitas pessoas confundiram os conceitos. Então, sabe-se que:
- Inovação é o ato de criar algo; e
- Empreender é o ato de implementar a inovação, tornando-a vendável, aplicável ou utilizável. Então,
- Essas ações podem ser realizadas por um funcionário (na empresa com base no empreendedorismo corporativo) ou por um empreendedor (em seu próprio negócio).

Mesmo com essas definições, é preciso entender outros componentes envolvendo tecnologia, inovação e afins para elencar no currículo. Enquanto a tecnologia está centrada em aplicativos, sites para os mais variados objetivos, lojas virtuais etc. (de propriedade do profissional), a inovação está centrada nos produtos e serviços desenvolvidos ao longo da carreira que se tornaram realidade fora da empresa por meio do empreendedorismo, dentro da empresa por meio do empreendedorismo corporativo ou em projetos específicos. Entende-se ainda que o produto ou serviço desenvolvido não precisa necessariamente estar ativo, pois não há pretensão de se medir aspectos voltados ao faturamento, ciclo de vida etc.

Nesse sentido, como a dimensão é caracterizada pelo empreendedorismo (dentro ou fora de uma empresa), as inovações devem ter a sua implementação efetivada. Na prática, isso significa:

- Um produto ou serviço novo: Inovação (sem pontuação na dimensão).
- Um produto ou serviço novo desenvolvido e disponibilizado no mercado para comercialização: Empreendedorismo (um ponto no item Inovação e Empreendedorismo ou no item Empreendedorismo Corporativo).
- Um produto ou serviço novo, implementado e com relação direta às práticas ESG, caracterizado como inovação social: Dois pontos na dimensão, um ponto em um dos itens relacionados ao empreendedorismo (dentro ou fora da empresa) e um ponto em Práticas ESG.

Tabela 14: Dimensão Tecnologia, Inovação e Negócios

Dimensão	Referência (tempo/qtde.)	Variável do item (Vn)
Aplicativos e afins	2	0,250
Inovação e empreendedorismo	-	0,450
Empreendedorismo corporativo (EC)	5	0,600
Práticas ESG	1	0,250
Projetos	-	0,450

Nessa dimensão, a comprovação dos dados apresentados pode ser mais difícil de se obter, então, sugere-se ao profissional que relacione o máximo de documentos, fotos, contratos e afins que possam garantir a veracidade da prática ESG e da sua participação.

Assim, é possível aplicar a fórmula do Currículo Inclusivo para essa dimensão:

$$CIn = \sqrt{2} * rDEsc * \frac{\Sigma(rDExp + rDEmp + rDAut + rDTin)}{rDRev}.$$

Considerando que a variável da dimensão foi definida como 0,90:

$$rDTin = ((2 * 0,250) + (0 * 0,450) + (5 * 0,600) + (1 * 0,250) + (0 * 0,450)) * 0,90 = 3,38$$

O resultado apresentado nessa dimensão demonstra a sua relevância quando comparada às demais dimensões, nem tanto pela pontuação, mas pelas realizações apresentadas, mudando a maneira dos selecionadores analisarem e utilizarem os resultados gerados. Por exemplo, se uma empresa está envolvida com inovações constantes, esse item pode ter a sua variável alterada para que reflita no score do profissional, adequando a busca pelo profissional à cultura organizacional, fator determinante para evitar ou reduzir turnover. Em outro momento, se o candidato tem práticas ESG destacáveis, pode tornar-se um dos favoritos à vaga apenas por esse dado.

A última dimensão trata do **Relacionamento Virtual**. Essa dimensão considera que as pessoas mais relacionadas (em quantidade) têm condições de:
- Atrair mais clientes (um profissional divulgador de produtos e serviços);
- Reter mais funcionários (um profissional com resultados de gestão expressivos ou simplesmente pela sua fama); e
- Ser bem relacionado (ponto primordial nas relações de trabalho).

Entretanto, é fato que nas redes sociais, base dessa dimensão, há busca cessante por novos seguidores, valendo-se inclusive de pagamentos para aumento desse número. Assim, essa dimensão propõe a conversão dos seguidores em pontuação, atingindo um mínimo e máximo possíveis.

Então, se o profissional tem 1 milhão de seguidores, não importando a origem e considerando todas as redes sociais disponíveis, ele tem uma pontuação conforme tal conversão. Para o profissional selecionado, a sua base de seguidores estava em 12 mil pessoas, logo, baseado nessa quantidade, a conversão foi possível.

Tabela 15: Dimensão Relacionamento Virtual

De	Até	Fator
0	4.999	6,00
5.000	49.999	5,00
50.000	99.999	4,00
100.000	299.999	3,00
300.000	499.999	2,00
500.000	999.999	1,00
1.000.000	1.999.999	0,90
2.000.000	2.999.999	0,80
3.000.000	3.999.999	0,60
4.000.000	4.999.999	0,40
5.000.000	9.999.999	0,25
10.000.000	-	0,10

Nessa dimensão, não há variável do item (Vn) por conter apenas um dado convertido em fator.

Assim, é possível aplicar a fórmula do Currículo Inclusivo para essa dimensão:

$$CIn = \frac{\sqrt{2} * rDEsc * \Sigma(rDExp + rDEmp + rDAut + rDTin)}{rDRev}$$

Considerando que a variável da dimensão foi definida como 0,50:

$$CIn \text{ da } rDRev = (5 * 0,50) = 2,50$$

Nessa dimensão, o fator relevante é a conversão, representando a correlação entre o aumento do número de seguidores e a redução fatorial. Isso acontece para que o resultado seja direcionado ao conceito "mais seguidores, mais influência", fazendo com o que o score do profissional seja aumentado. Como o número de seguidores pode alcançar milhões de pessoas, a conversão foi realizada em doze intervalos, utilizando o critério de maior espaçamento dentro do intervalo conforme o número de seguidores aumenta.

Como o objetivo Currículo Inclusivo está relacionado ao contexto empresarial, seja para a contratação do profissional para atuar como

funcionário, seja para prestar serviços, os seguidores são importantes, mas sozinhos têm pouca eficiência na pontuação do profissional. Então, mesmo que a pessoa tenha milhões de seguidores, mas não pontua nas demais dimensões, seu score é baixo. Entretanto, quanto mais seguidores associados à pontuação nas demais dimensões, mais rápido se alcança o último nível do perfil profissional.

Agora, com os cálculos realizados para todas as dimensões, é possível associá-los em um único resultado, gerando o score do profissional.

$$CIn = \sqrt{2} * rDEsc * \frac{\Sigma(rDExp + rDEmp + rDAut + rDTin)}{rDRev}.$$

$$CIn: \sqrt{2} * 28,35 * \frac{(39,71 + 13,80 + 9,80 + 3,38)}{2,50} = 38,89$$

Observe que, ao abordar uma série de fatores para a determinação do score profissional, identificando o perfil por meio das várias dimensões, esse modelo torna-se algo inovador e, ao mesmo tempo, atualiza-se à realidade do mercado com a rápida análise a partir do uso de recurso tecnológico básico (planilha eletrônica, por exemplo). Além disso, envolve aspectos do cotidiano e permite, em acordo com a necessidade de cada triagem, a adaptação ao processo. Para o profissional selecionado nesse exemplo, a sua pontuação o classificou como Perfil IS.

Tabela 16: Definição de perfil – Currículo Inclusivo

Descrição	De	Até	Identificação	
Iniciante	0,00	2,00	IN	
Trainee	2,01	6,00	TR	
Influenciador Júnior	6,01	12,00	IJ	
Influenciador Pleno	12,01	30,00	IP	
Influenciador Sênior	30,01	50,00	IS	→ 38,89
Influenciador Master	50,01	→	IM	

No exemplo apresentado, o profissional está alcançando a metade do perfil IS, retratando a larga experiência em atividades empresariais dentre outras aptidões percebidas por meio dos dados disponíveis. Por outro lado, uma

pergunta deve ser feita: Qual o critério desse intervalo e perfil?

A pontuação gerada é fruto de uma série de simulações envolvendo os mais variados cenários. Por exemplo:

- Baixa experiência profissional e alta escolaridade;
- Milhares de seguidores e baixa escolaridade; ou
- Engajamento em práticas ESG e inoperante aos cursos extras.

Outras tantas situações foram experimentadas para retratar o intervalo da pontuação e o perfil. Por isso, após milhares de simulações com essa variação de dados do profissional, em uma clara tentativa de alcançar todas as possibilidades possíveis ou reduzir a disparidade entre a triagem por meio do método Currículo Inclusivo e a triagem no processo diário das empresas, os intervalos alcançados e os seus respectivos perfis prometem entregar ao recrutador, dentro do que ele estabelecer, os profissionais mais adequados à vaga e, quem sabe, o profissional ideal, agora uma realidade mais alcançável.

Assim, como a proposta foi, a partir de critérios de relevância, começando pela escolaridade, base de qualquer sociedade, entrando em diversas áreas do conhecimento e alcançando as práticas ESG, acredita-se que os resultados gerados têm apresentado linha de coerência quanto ao propósito inicial do método, permitindo atestar a sua efetividade.

4.3.3 O uso do Currículo Inclusivo – os currículos da amostra

Como não é possível afirmar que o profissional, dentre os 119 currículos analisados, informou todos os dados necessários para determinação do seu score, a análise foi realizada conforme o documento apresentado, entendendo que a pontuação gerada pode não ser o score real e, consequentemente, o perfil que o profissional teria direito.

Dentre as dimensões, o Relacionamento Virtual é o mais afetado pela falta de dados. Como a maioria dos profissionais não menciona as redes sociais, exceção à rede social de divulgação do currículo, e muito menos o número de seguidores em todas as plataformas, foi considerada a segunda faixa de conversão para determinar a pontuação de todos os profissionais nessa dimensão (entre 5.000 e 49.999 seguidores).

Outro fator importante é a determinação do(s) porte(s) da(s) empresa(s). Como não é possível afirmar o tamanho da empresa no período em que o profissional exerceu atividade, os anos de experiência estão alocados em empresas de porte médio, sendo considerada a valoração desse item na dimensão Experiência Profissional. Na dimensão Experiência Empreendedora, considera-se a pontuação em uma MPE.

Em situações em que o profissional não informou o período de experiência nas empresas em que exerceu atividade, considerou-se o seguinte raciocínio matemático para sua determinação:
(idade do profissional – idade do profissional com menor idade na amostra)/3

Nesse caso, entende-se que o profissional exerceu alguma atividade profissional em ao menos 1/3 da sua idade economicamente ativa. Caso o profissional não tenha informado a idade e nem o tempo de atividade, foi considerado o período de experiência igual a 1 ano. Por fim, o tempo de experiência fica zerado quando o profissional expressa em seu currículo que está em busca do primeiro emprego ou tem a idade mínima considerada nesse estudo (16 anos).

Pelos resultados gerados, apesar de não ser possível afirmar que todos os dados necessários estão contidos nos currículos dos profissionais, algumas informações podem ser destacadas:

Informação 1: O perfil mais baixo e os mais altos
A maior incidência de currículos está nos perfis Iniciante (IN) e Trainee (TR), totalizando mais de 70% dos documentos (85 currículos). Uma das explicações é a possível falta de dados que possa fazer com que a pontuação seja aumentada. Os demais perfis ficaram assim relacionados:
- Influenciador Júnior (IJ): 26,05% ou 31 currículos
- Influenciador Pleno (IP): 3,36%

Os perfis Influenciador Sênior (IS) e Influenciador Master (IM) não foram encontrados nessa análise ou, pela possível limitação dos dados disponíveis, os profissionais não estão nesses perfis. Sobre o Influenciador Pleno (IP), o perfil mais alto relacionado, podemos destacar todos os quatro profissionais e as suas experiências.

1) Currículo selecionado nº 100

Esse profissional tem a maior pontuação na amostra (17,53), o colocando próximo ao último nível do IP. Como alguns dados relevantes sobre o currículo podem não estar destacados, é possível que esse profissional alcance o perfil IS.

Figura 36: Currículo selecionado nº 100

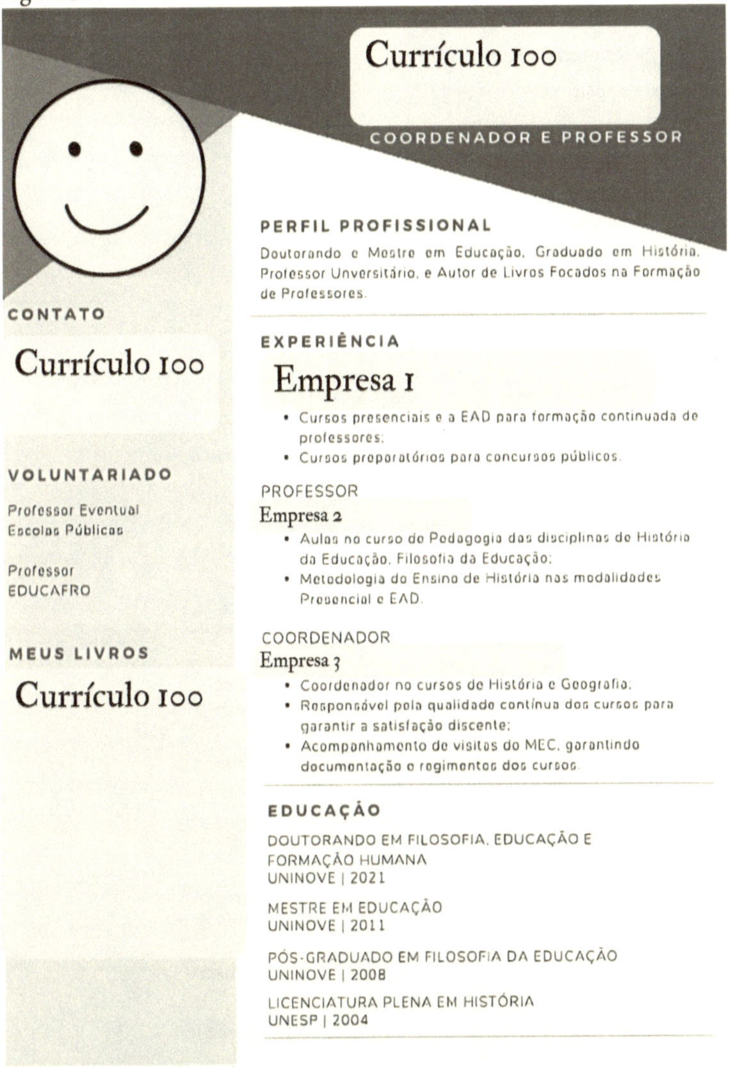

Currículo 100

COORDENADOR E PROFESSOR

CONTATO

Currículo 100

VOLUNTARIADO

Professor Eventual
Escolas Públicas

Professor
EDUCAFRO

MEUS LIVROS

Currículo 100

PERFIL PROFISSIONAL

Doutorando e Mestre em Educação, Graduado em História, Professor Unversitário, e Autor de Livros Focados na Formação de Professores.

EXPERIÊNCIA

Empresa 1

- Cursos presenciais e a EAD para formação continuada de professores;
- Cursos preparatórios para concursos públicos.

PROFESSOR
Empresa 2
- Aulas no curso de Pedagogia das disciplinas de História da Educação, Filosofia da Educação;
- Metodologia do Ensino de História nas modalidades Presencial e EAD.

COORDENADOR
Empresa 3
- Coordenador no cursos de História e Geografia;
- Responsável pela qualidade contínua dos cursos para garantir a satisfação discente;
- Acompanhamento de visitas do MEC, garantindo documentação e regimentos dos cursos.

EDUCAÇÃO

DOUTORANDO EM FILOSOFIA, EDUCAÇÃO E FORMAÇÃO HUMANA
UNINOVE | 2021

MESTRE EM EDUCAÇÃO
UNINOVE | 2011

PÓS-GRADUADO EM FILOSOFIA DA EDUCAÇÃO
UNINOVE | 2008

LICENCIATURA PLENA EM HISTÓRIA
UNESP | 2004

Fonte: LinkedIn (2020)

Observação: Alguns dados foram apagados e/ou fotos alteradas para garantir a privacidade da pessoa/empresa.

2) Currículo selecionado nº 111

O profissional, atuante em apenas uma empresa em toda sua carreira, tem 31 anos de serviços prestados. Além disso, possui duas graduações e pós-graduação MBA.

Figura 37: Currículo selecionado nº 111

Currículo 100

ADMINISTRADOR

46 anos

Currículo 100

OBJETIVO

Atuar na Área de Produtos, Subscrição Risco, Unidades de Negócios, Comercial, Operacional e Processos.

EXPERIÊNCIA

Empresa 1

Técnico de Seguros | Coordenador | Especialista | Subscrição | Gerente em Unidades (gestão de 150 funcionários)

Liderança dinâmica e participativa: formação de equipes, atuação em mesas de negócios desenvolvimento e precificação, aplicação de metodologia ágeis baseados em estudos e Squads, Product Owner e Scrum;

Atuação em diversos ramos de seguro, com foco principal em *Automóvel e Ramos Elementares;*

• Planejamento, Desenvolvimento, lançamento e gestão de produtos, projetos, campanhas de vendas e planos estratégicos (balance score card);

• Gerenciamento e administração da rentabilidade dos portfólios, com identificação de planos de ação agregando valores às pessoas, empresas e unidades comerciais;

• Articulação e interfaces com as áreas e unidades de tecnologia, produtos, operações, compliance e SUSEP;

• Participações efetivas em unidades operacionais, projetos de natureza institucional, processos de aquisições e junções de empresas (Joint Ventures);

• Gestão de projetos com planejamento, desenho funcional, desenho técnico, desenvolvimento, testes integrados, testes de homologação até sua implantação

• Atuação e bom conhecimento em conceitos TI Digital e Design Thinking e dos novos meios de pagamento e comunicação

• Auxílio à atuária da área no cálculo de reservas e provisões técnicas (IBNR, PIP, Nota Técnica, entre outros);

FORMAÇÃO

Graduação
Economia – *FMU/SP | 1997*
Administração – *UNIBAN | 1999*

Pós Graduação
Produtos e Serviços
Universidade Mackenzie | 2011

Adigo
Programa de Formação de Líderes

Pacote Office Completo
Sistema SAP

HABILIDADES

Liderança

Trabalho em Equipe

Persuasão

Iniciativa

Visão no Cliente

Fonte: LinkedIn (2020)

Observação: Alguns dados foram apagados e/ou fotos alteradas para garantir a privacidade da pessoa/empresa.

Apesar das duas graduações não terem peso acumulado na pontuação final, o profissional atrai a curiosidade de outra maneira, ao permanecer tanto tempo em apenas um local, fato menos usual no mercado. Além disso, percebe-se que, apesar da experiência ser única, o profissional manteve-se atualizado, citando a utilização de ferramentas de mercado, como *design thinking* e scrum. Pela sua experiência e considerando o score, a conclusão do mestrado faz com que a pontuação aumente em quase 8 pontos, um salto representativo, representando aumento de pouco mais de 50% em seu perfil.

3) Currículo selecionado nº 28
O profissional, atuante na área da saúde, tem, além da graduação, pós-graduação MBA e mestrado. A sua experiência em mais de 7 anos e os seus artigos publicados corroboram para a pontuação total de 13,90. Vale ressaltar que o profissional não informou cursos extracurriculares, mas é provável que os tenha, fazendo a sua pontuação final aumentar.

4) Currículo selecionado nº 7
A profissional, com larga experiência no mercado (23 anos de experiência), é pós-graduada e se arrisca no empreendedorismo promovendo atividades relacionadas ao coach. Sua pontuação de 13,75 a coloca em uma posição inicial dentro do perfil, que varia entre 12,01 e 30,00 pontos.

Informação 2: A relação entre capacitação e redução de cursos extras
Uma observação importante na análise curricular é a correlação negativa entre maior capacitação e menor quantidade de cursos extracurriculares, começando essa possível transição a partir do perfil IJ, motivada pela suposta falta de tempo, redução da necessidade ou outra justificativa qualquer. Não se trata de algo inerente ao crescimento profissional, mas há forte tendência para que isso aconteça.

Tabela 17: Dados de cursos extracurriculares

Item/Tipo	IN	TR	IJ	IP	IS	IM	Total
Cursos extracurriculares	142	193	184	1	-	-	520
Média de cursos extracurriculares	3,64	4,29	5,94	0,25	-	-	4,37

O perfil IJ tem a média mais alta, mas é alavancado por apenas três profissionais que apresentaram juntos 57 cursos, representando 30,9% do total do perfil. Sem eles, a média dos demais 27 profissionais é de 4,1 cursos extracurriculares informados. De maneira geral, pressupõe-se que o ciclo de cursos extracurriculares segue essa tendência:

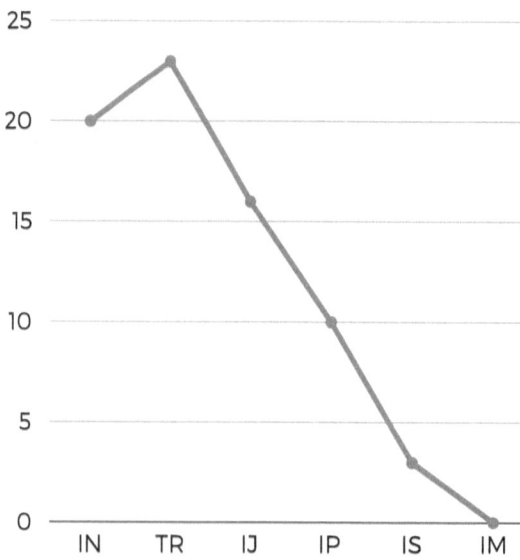

Gráfico 2: Quantidade de cursos por perfil
Fonte: Pesquisa realizada em cursos de graduação, pós-graduação MBA e mestrado com 78 alunos de instituições públicas e privadas.

A pergunta de pesquisa esteve centrada na variação de cursos realizados conforme o perfil do profissional se alterava. Como a ideia não era analisar o currículo, as próprias pessoas se colocavam no perfil atual e informavam a quantidade de cursos realizados em cada perfil já alcançado. Assim, o resultado apresentou:

- 6 pessoas com perfil IM
- 17 pessoas com perfil IS
- 15 pessoas com perfil IP
- 20 pessoas com perfil IJ
- 15 pessoas com perfil TR
- 5 pessoas com perfil IN

No perfil TR algo semelhante ao IJ acontece. Apenas dois profissionais respondem por mais de 17% do total dos cursos informados. Desconsiderando os dois profissionais, a média de cursos extracurriculares é de 3,53. Corroborando com a menor pontuação estar associada à maior

quantidade de cursos, esse perfil apresenta apenas 3 profissionais sem nenhum curso extracurricular destacado (6,5% do total do perfil). Por outro lado, no perfil IP, apenas um profissional afirmou ter realizado cursos extras e, ainda assim, apenas um curso fora destacado.

No perfil IN, os profissionais procuram dar bastante importância aos cursos extracurriculares, apesar de oito dos 39 currículos não terem destacado qualquer curso. Entretanto, para quem informa, parece ser fato determinante para gerar possível interesse do recrutador. O currículo selecionado nº 24, um profissional de 19 anos que não apresentou o tempo de experiência profissional, citou trabalhos como mesário nas eleições e ainda ressaltou cursos dos mais variados com efetividade (aplicação prática) não compatível à carga horária: língua inglesa (10h), marketing (20h), logística (20h) dentre outros, sugerindo cursos básicos de curta duração, não garantindo, assim, capacitação no tema, diferentemente do que parecer sugerir o currículo.

Informação 3: A idade não é relevante!

Apesar de apresentar correlação positiva entre maior idade - maior capacitação, o oposto da informação anterior, não há como afirmar que sempre, no mercado de trabalho, tal situação acontece. Na verdade, na análise dos currículos relacionados, percebeu-se essa verdade descaracterizada.

Tabela 18: Dados de cursos extracurriculares

Item/Tipo	IN	TR	IJ	IP	IS	IM	Média geral
Média de idade	22,6	28,4	36,1	38,5	-	-	31,4
Maior idade no perfil	32	38	52	46	-	-	42,0
Menor idade no perfil	16	22	26	31	-	-	23,7

Nos dados destacados, algumas observações acerca dos profissionais que fazem parte dos perfis são fundamentais para se entender a relação entre idade-capacitação, considerando as dimensões e as relevâncias em cada uma delas:

- O perfil IN sugere pouca ou nenhuma experiência de mercado, todavia, a profissional do currículo nº 10 apresenta-se com 30 anos de idade. Com curso superior incompleto e interesse, conforme citado, na área "administrativa em geral", a influenciadora pode ter mais dificuldade

para recolocar-se no mercado de trabalho pela falta de dados em seu currículo e, claro, a graduação incompleta.

- O perfil TR sugere profissionais com alguma experiência de mercado, mas a falta de escolaridade representa, para o Currículo Inclusivo, pontuação reduzida e, para o mercado, possível restrição à contratação.

Figura 38: Currículo selecionado nº 84

Currículo 84

38 anos

Currículo 84

FORMAÇÃO ESCOLAR
Ensino Médio Completo

OBJETIVO
Conquistar uma nova oportunidade no mercado de trabalho contribuindo com o sucesso da empresa e sucesso próprio realizando um excelente trabalho, ser a melhor no que faço e poder ajudar as pessoas em qualquer âmbito, sendo justa e coerente além de adquirir novas experiências para um ótimo futuro profissional.

CARACTERÍSTICAS PESSOAIS

Comunicativa, pro- ativa, dinâmica, organizada, facilidade de trabalho em equipe e aprendizado, pontual e responsável.

CURSOS COMPLEMENTARES

Informática/ pacote Office

Auxiliar administrativo – departamento financeiro, fiscal e pessoal

Atendimento ao cliente Matemática financeira (básica)

EXPERIÊNCIA PROFISSIONAL

Empresa 1
Período: 02/2019 a 11/2019
Cargo: Assistente da Regulação médica
Atendimento aos beneficiários da operadora, autorização de exames eletivos, cadastro de cirurgias, autorização de internação de urgência e eletivas, prorrogações, remoções de beneficiários para rede credenciada realizando busca da vaga para internação. Conhecimento do rol da ANS e suas regras (DUT diretrizes de utilização), NIP's, RN's, conhecimento das principais tabelas (TUSS, CBHPM, AMB, BRASÍNDICE E SIMPRO).
Empresa 2
Período: 12/2015 a 01/2019
Cargo: Assistente administrativo (regulação médica)

Fonte: LinkedIn (2020)
Observação: Alguns dados foram apagados e/ou fotos alteradas para garantir a privacidade da pessoa/empresa.

- O perfil IJ sugere profissionais com experiência profissional média/alta, status alcançado, geralmente, a partir dos 30 anos. Entretanto, apesar da média de idade ser de 36,1 anos, dois influenciadores estão nesse perfil antes dos 28 anos.

Figura 39: Currículo selecionado nº 13

Currículo 13

Solteira – 26 anos / Habilitação AB

Currículo 13

ÁREA DE ATUAÇÃO

Analista de Recursos Humanos (R&S)

EXPERIÊNCIAS PROFISSIONAIS

Empresa 1

01/2019 a 11/2019

Assistente de Recursos Humanos

Responsável pelo recrutamento e seleção da Célula de Enfermagem de 55 unidades de negócios, compostas pelos Hospitais Empresa 1

Avançada.

Interface com os gestores para alinhamento dos perfis e estratégia para captação dos candidatos.

Divulgação de vagas em sites, triagem e convocação de candidatos.

Acompanhamento dos indicadores da área, conforme o SLA e fluxo admissional.

Envio e acompanhamento dos feedbacks para os candidatos em processo seletivo.

Empresa 2   **05/2018 a 12/2018**

Analista de Recursos Humanos

Responsável pelo recrutamento e seleção do setor Comercial / Corporativo nível Brasil.

Interface com os gestores para alinhamento dos perfis e estratégia para captação dos candidatos.

Divulgação de vagas em sites, triagem e convocação de candidatos.

Acompanhamento dos indicadores da área, conforme o SLA e fluxo admissional.

Envio e acompanhamento dos feedbacks para os candidatos em processo seletivo.

Palestrante de integrações para novos colaboradores; acompanhamento de treinamentos corporativos.

Participação ativa em Festas Corporativas, datas comemorativas e confraternizações.

Empresa 2   **04/2017 a 05/2018**

Analista de Recursos Humanos

Responsável pelo recrutamento e seleção das 7 unidades da Rede em São Paulo.

Interface com os gestores para alinhamento dos perfis e estratégia para captação dos candidatos.

Fonte: LinkedIn (2020)

Observação: Alguns dados foram apagados e/ou fotos alteradas para garantir a privacidade da pessoa/empresa.

A profissional destacada possui larga experiência na área em que atua, foi responsável direto por ações importantes dentro das empresas, dentre elas a triagem e convocação de candidatos.

- O perfil IP sugere profissionais com experiência consolidada no mercado, escolaridade mínima pós-graduação MBA e, considerando a média de idade do perfil anterior, alguém próximo aos 40/45 anos. Apesar de dois dos quatro selecionados nesse perfil não informarem a idade, o profissional de 31 anos, com mestrado e sete artigos publicados, merece destaque.

Informação 4: Perfil sem interferência da orientação sexual
Se a equidade é algo que deveria ser inerente aos processos seletivos, aos cargos e salários e à sociedade de maneira geral, precisamos pensar em mecanismos que a tornem regra e não exceção como é em nosso dia a dia. Para isso, no ambiente empresarial, comece a triagem de currículos observando a capacitação e, posteriormente, a orientação sexual. Quando isso acontece, percebem-se as similaridades.

Gráfico 3: Sexo e relação com perfil (em %)

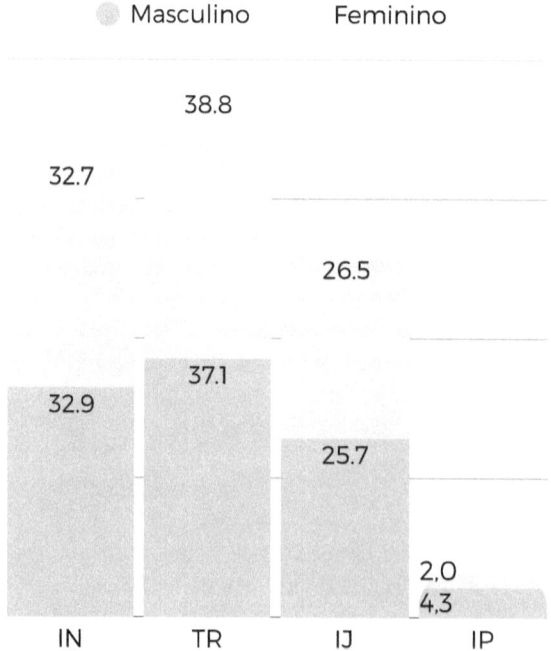

Os dados revelam que há certa similaridade no desenvolvimento e capacitação entre homens e mulheres (as duas orientações consideradas neste Livro pela falta de dados dos profissionais selecionados). No perfil IN, a diferença entre os sexos é de apenas 0,2%. Ao compará-los, as mulheres são maioria nos perfis TR e IJ e os homens nos perfis IN e IP.

Quando a idade é associada ao perfil, as maiores diferenças estão concentradas em TR e IJ. No perfil TR, a média de idade dos homens é de 29,8 anos, enquanto a média das mulheres é de 26,7, uma diferença maior que três anos. Esse dado pode sugerir, dentre outras suposições, que as mulheres alcançam maior pontuação na carreira em tempo bem menor que os homens.

Por outro lado, a continuidade dessa ascensão é mais rápida aos homens. Enquanto a média para se alcançar o perfil IJ é de 35,5 anos para homens, para as mulheres o mesmo perfil só é alcançado um ano e meio depois, aos 37,1 anos. Esse resultado pode representar algo que já é bastante discutido no mercado: a disparidade de oportunidades concedidas aos homens e mulheres.

Ainda analisando homens e mulheres, algumas informações podem ser representativas e até objetos de estudos para se entender o comportamento dos profissionais na confecção do currículo, causando impacto posterior na triagem de um processo seletivo qualquer.

- Em relação ao tipo de currículo, há certa similaridade entre os sexos. O tipo Formal é mandatório para ambos, alcançando 86% no masculino e 82% no feminino. Entretanto, as mulheres buscam fugir do padrão com maior frequência, atingindo 14% entre os tipos Moderado e Arrojado, enquanto os homens chegam em 5% do total.
- As mulheres costumam ser mais diretas ao ponto com os currículos, alcançando 96% com, no máximo, duas páginas, enquanto os homens têm 93%, com 6% precisando de três páginas.

Agora, com as análises realizadas e a possibilidade de tantas outras, é possível perceber a interferência do Currículo Inclusivo na análise dos profissionais. Ao gerar dados estruturados idênticos, separados por pontuações distintas em acordo com a capacitação, o modelo proporciona conhecimento mais aprofundado sobre a pessoa ou grupo de pessoas, garantindo à empresa recrutadora uma contribuição significativa na busca do profissional ideal. Mas, ainda é possível fazer mais!

4.4 AS OPORTUNIDADES DO CURRÍCULO INCLUSIVO PARA A EQUIDADE NO PROCESSO DE TRIAGEM E RECRUTAMENTO

Ao final desse capítulo, é possível considerar alguns aspectos importantes da relação entre oportunidade de emprego, sugestões de especialistas e expectativa do recrutador e influenciador.

i. Oportunidade de emprego

Inicialmente, imagina-se que a vaga disponível está acessível ao interessado para, ao encaminhar o seu currículo, fazer parte do processo de triagem e, sendo selecionado, participar das fases seguintes até, assim se espera, concretizar o encontro entre vaga e profissional ideal. Na prática, é a junção dos stakeholders que faz isso acontecer.

Figura 40: Relacionamento dos stakeholders – processo de recrutamento e seleção

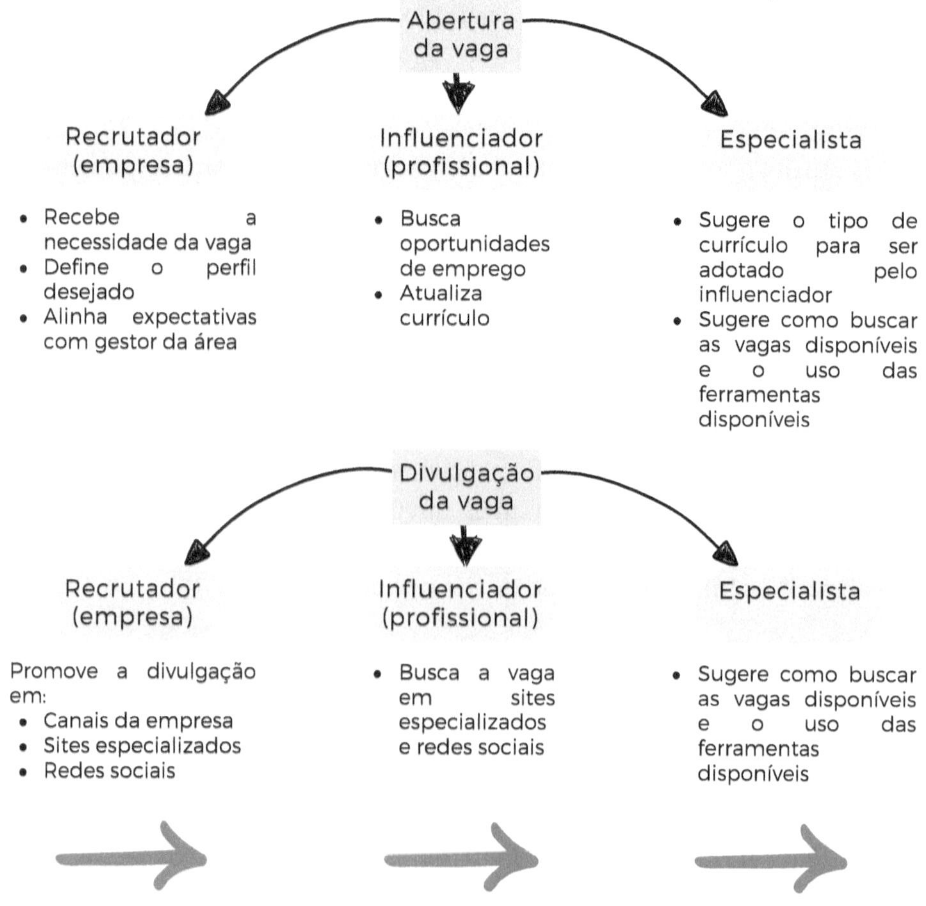

Abertura da vaga

Recrutador (empresa)	Influenciador (profissional)	Especialista
• Recebe a necessidade da vaga • Define o perfil desejado • Alinha expectativas com gestor da área	• Busca oportunidades de emprego • Atualiza currículo	• Sugere o tipo de currículo para ser adotado pelo influenciador • Sugere como buscar as vagas disponíveis e o uso das ferramentas disponíveis

Divulgação da vaga

Recrutador (empresa)	Influenciador (profissional)	Especialista
Promove a divulgação em: • Canais da empresa • Sites especializados • Redes sociais	• Busca a vaga em sites especializados e redes sociais	• Sugere como buscar as vagas disponíveis e o uso das ferramentas disponíveis

Envio do currículo

Recrutador (empresa)	Influenciador (profissional)	Especialista
• Determina o período para recebimento de currículo	• Envia o currículo em acordo com a sua avaliação	• Sugere alternativas para a triagem de currículo

Triagem do currículo

Recrutador (empresa)	Influenciador (profissional)	Especialista
• Realiza a busca por palavra-chave, em sites e redes sociais para selecionar os currículos aptos à vaga	• Aguarda interesse da empresa em seu perfil	• Sugere alternativas para o recrutamento

Recrutamento

Recrutador (empresa)	Influenciador (profissional)	Especialista
• Faz contato com os candidatos para início do processo seletivo	• Ao ser selecionado, comparece para o início do processo seletivo	• Sugere alternativas para o processo de seleção

Seleção

Recrutador (empresa)	Influenciador (profissional)	Especialista
• Faz a triagem dos influenciadores • Programa entrevista entre gestor da área e influenciadores	• Participa do processo de seleção	• Sugere alternativas para avaliar o processo de seleção

Efetiva a contratação? — **É contratado?** — **Agregou valor?**

Na maioria das fases do processo de recrutamento e seleção, a relação entre as partes interessadas parece ser bem clara quanto ao uso das regras tecnológicas geradas por meio de testes e experimentações. Entretanto, a fase triagem de currículos ainda demonstra ser um dos grandes gargalos, pois a subjetividade é recorrente e a falta de estudos sobre o assunto não permite os mesmos processos.

Algumas experimentações como a busca por palavra-chave e o uso de redes sociais para captação de currículos são, talvez, as duas grandes ações implementadas nessa fase nos últimos anos. Os resultados dessas ações são satisfatórias como complementação, mas ainda incipientes pela importância da triagem no processo de recrutamento e seleção.

A busca por palavra-chave, por exemplo, seja em sites especializados ou em redes sociais, tem viés combinatório entre capacitação e sorte ao profissional, ou seja, capacitação para participar do processo seletivo (estar no perfil desejado) e sorte para ser relacionado na busca (ser visto de forma orgânica ou paga).

Figura 41: Pesquisa por profissional em rede social

Fonte: LinkedIn (2020)

Na busca realizada[1], os filtros sugeridos proporcionaram a redução de 357 mil profissionais para pouco mais de 21 mil, facilitando o processo ao recrutador. Entretanto, ainda é uma quantidade bastante expressiva se considerado o tempo cada vez mais reduzido para o processo seletivo. Além disso, cada profissional pode se apresentar de maneira diferente na rede social, gerando a necessidade de análise mais aprofundada dos perfis. Posteriormente, com mais um filtro utilizado, ainda restaram mais de mil profissionais selecionados.

Figura 42: Pesquisa por profissional em rede social – refinado

Fonte: LinkedIn (2020)

Nesse novo exemplo, os filtros são os mesmos, apenas o termo utilizado foi alterado para aumentar a seletividade (frase utilizada: "Analista de RH especialista em folha de pagamento"). Então, mesmo com a disponibilidade da rede social para, supostamente, facilitar a triagem de currículos, ainda temos um gargalo na busca do profissional ideal.

Talvez por essa perspectiva, os recrutadores, com ou sem especialização para a atividade, acabam criando métodos próprios e utilizam outros meios para a escolha dos candidatos no momento da triagem. Por exemplo, dentre os currículos selecionados, a profissional do currículo nº 13 se apresenta como especialista em análise de currículos, com experiência acumulada de 9 anos em diversas etapas que envolvem o recrutamento e seleção. Sobre a triagem, a profissional explicou como o executa, destacando que

> é realizado por diversas ferramentas como Catho, LinkedIn, Vagas.com ou e-mails da empresa e sempre baseado na descrição de cargos e alinhamento do perfil com o gestor" (PROFISSIONAL – CURRÍCULO nº 13).

[1] A busca foi realizada conforme procedimento sugerido pela rede social utilizada. Disponível em https://www.linkedin.com/help/linkedin/answer/4719/como-encontrar-mais-candidatos-a-vaga?lang=pt. Acesso em 27/01/2020.

Após essa resposta, a próxima pergunta esteve centrada na percepção de efetividade desse processo. Sobre esse indicador, a profissional direcionou a resposta ao tempo do processo como fator determinante.

> "Sim, meu gestor fazia a medição de todo R&S por meio de indicadores, tínhamos por tempo de abertura de vaga e fechamento, por área, setor, unidade de negócio e analista responsável. E em cima de toda análise tinha um indicador geral para saber se o nosso SLA estava dentro do que era proposto de 10 dias úteis" (PROFISSIONAL – CURRÍCULO nº 13).

Por fim, a pergunta foi sobre o processo prático de triagem. A Profissional afirmou que "a maioria dos cargos se utiliza de palavras-chave que facilitam bastante na busca" (PROFISSIONAL – CURRÍCULO nº 13).

Essas afirmações corroboram com a posição adotada por outra profissional atuante na área de Recursos Humanos, não integrante dos currículos selecionados, ao ser questionada sobre o processo de triagem na empresa em que atuava.

> Eram dois tipos de processos: As vagas CLT e Estagiário/Aprendiz. Lá, eles trabalhavam com consultoria. Na época, era a empresa "R" e estagiários eram realizados pela empresa especializada "C". Tínhamos a RP (requisição de pessoas) com o perfil da vaga, então eu realizava a abertura da vaga na consultoria ou na empresa "C".
> Nas vagas da empresa "R", eles selecionavam alguns perfis e analisava se estavam de acordo com o perfil desejado. Agora, as de estágio tinha que acessar o perfil através do site do canal da empresa "C" e selecionar o candidato de acordo com o perfil selecionado. Às vezes, também anunciava as vagas no LinkedIn, faculdade etc.
> A triagem era feita na Catho, Infojobs etc. Também recebíamos muitos CV por e-mail e na portaria, mas sempre para vagas operacionais. Recebíamos os CVs, fazíamos uma entrevista por telefone para conhecer o perfil e encaminhávamos para os gestores agendar as entrevistas" (D. L., profissional da área de Recursos Humanos).

Nas respostas das profissionais, dois pontos são evidentes: as palavras-chave como essenciais na triagem e o processo ainda subjetivo. Todavia, o uso das palavras-chave como um dos principais recursos para a triagem de currículos pode sugerir controvérsias nessa fase tão importante do processo. Por exemplo, a análise de dois currículos para a mesma área de atuação comprova isso.

Quadro 10: Análise de currículos e definição de palavras-chave

Nº	Idade	Formação	TE (anos)	Cursos extras	Contextualização do currículo
2	27	Graduação	5,9	4	A profissional de Fortaleza-CE tem foco na psicologia. Sua experiência é em centro de educação de jovens e adultos e em centro de triagem e observação criminológica. Palavras-chave sugeridas baseadas no currículo: Psicologia; Inclusão de jovens e adultos; Orientação profissional; EJA.
36	25	Graduação	2,5	3	A profissional de Mogi das Cruzes-SP tem foco nas rotinas de departamento pessoal. Sua experiência é com admissão e demissão de funcionários, cálculo e fechamento de folha de ponto dentre outras atividades da área. Palavras-chave sugeridas baseadas no currículo: Folha de pagamento; Admissão; Folha de ponto.
Comparativo					As profissionais, apesar de tempo de experiência (TE) distintos, destacam o mesmo objetivo: atuar na área de Recursos Humanos. A diferença está na especificidade da informação, enquanto a cearense destaca como objetivo "recrutamento e seleção, psicologia clínica, social e criminológica", a paulista citou "Atuar na área de Recursos Humanos". Ambas tiveram atividades recentes fora do objetivo do currículo, a paulista atuando na área administrativa e faturamento e a cearense como promotora de vendas.

Agora, com as palavras-chave definidas para cada profissional, ao fazer a busca na rede social, obteve-se o seguinte resultado:

- Palavras-chave "inclusão de jovens e adultos" ou "educação de jovens e adultos" (EJA): Para a primeira busca, o retorno foi disperso, cancelando essa opção. Na segunda busca, com o termo abreviado EJA, retornaram 4.002 resultados.

Figura 43: Pesquisa por profissional em rede social – EJA

Fonte: LinkedIn (2020)

- Palavra-chave "folha de pagamento": Para essa busca, mais de 82 mil profissionais foram selecionados.

Figura 44: Pesquisa por profissional em rede social – folha de pagamento

Fonte: LinkedIn (2020)

As duas pesquisas na rede social, apesar de certa forma restritas, ainda assim trouxeram quantidade relativamente alta de pessoas, reduzindo as chances das profissionais serem vistas na busca. Se atrelarmos a quantidade elevada de profissionais disponíveis ao tempo de início e fechamento de um processo de recrutamento e seleção, a sorte e a capacitação voltam à tona, com a sorte sendo mais relevante. Por isso, uma das principais ferramentas de triagem de currículos pode ser efetiva apenas ao profissional que está mais bem colocado nas buscas realizadas pelo recrutador, não necessariamente o mais qualificado à vaga.

Outra importante reflexão é a que envolve os objetivos iguais (área de Recursos Humanos) e as carreiras das profissionais com focos complemente distintos. Nesse caso, as palavras-chaves a serem utilizadas podem gerar aproximação dos currículos (perfil) à vaga (oportunidade), o que realmente aumenta a chance de aparecer na triagem do recrutador.

Por outro lado, ambas esperam voltar à área de Recursos Humanos, mas, assim como tantos outros profissionais, estão em atividades alheias ao objetivo do currículo, alterando a forma de se posicionar no mercado e, quanto mais o tempo passa, mais distante fica a possibilidade de retornar ao pretendido. Sabemos que a mudança de área é motivada pelas condições financeiras do momento, pela dificuldade de encontrar vaga na área desejada etc., criando afastamento (dependendo do filtro de busca) entre a procura do recrutador e o currículo dos profissionais.

Ao se deparar com essa situação, o profissional percebe que está sendo preterido no mercado, mas na verdade ele pode "apenas" não estar sendo encontrado nas palavras-chave determinadas pelo recrutador, ou seja, a tal sorte citada anteriormente, uma vez que a capacitação, conforme o tempo avança, passa a ser questionada cada vez mais. Com as redes sociais, a consequência é uma série de desabafos, decepções e até tentativas de se mostrar resiliente e atrair a atenção de recrutadores e outras pessoas que possam ajudar.

> E chegamos ao fim de janeiro!
> Não foi esse mês que o meu SIM chegou, pra falar a verdade não fui convocada para nenhuma entrevista, isso me fez parar e rever meu currículo, onde poderia melhorar?
> Já tenho diversos planos em mente, um deles é iniciar um curso de idioma, inglês para ser mais exata. Vejo que possuir um segundo idioma é quase uma obrigação se quisermos alçar voos mais altos e, nesse caso, minha intenção é "alcançar o céu"!
> Que fevereiro nos traga muitas oportunidades.
> Seguimos em busca do "SIM"!

Figura 45: Relato em uma rede social sobre a busca por emprego - 2
Fonte: LinkedIn (2020)

Esse tipo de desabafo, em uma rápida pesquisa, é comum e apresentado de diversas maneiras, entretanto, todos chegam à conclusão: estão fazendo algo errado com o currículo (na forma de abordagem escrita ou na falta de dados relevantes a acrescentar).

Assim, se a possível causa de não ser relacionado em um processo de recrutamento estiver na falta de elementos que comprovem a capacitação, a profissional tem toda razão em buscar aprimorá-la, sendo inteiramente sua responsabilidade tal atribuição, porém, se a causa estiver na abordagem do currículo, o mercado deve agir para que apenas o design, a elaboração ou ainda a possível falta de habilidade na confecção do documento não seja fator discriminatório na triagem de currículos.

ii. Sugestões de especialistas
Apesar dos mais variados tipos de currículos sugeridos por denominados especialistas, a adoção dos modelos é baixa. Então, é possível afirmar que não há relação direta entre tipo de currículo mais adequado e aceitação do recrutador.

iii. Expectativa do recrutador e influenciador
A expectativa deve ser idêntica. Do ponto de vista do recrutador, a necessidade é de um currículo que seja possível a avaliação adequada, rápida e que possibilite a tomada de decisão (aprovação ou reprovação). Ao profissional influenciador, fica a responsabilidade de criar um documento capaz de suprir a necessidade inicial do recrutador.

Para que a experiência atinja ou supere a expectativa, é preciso seguir a lógica proposta pelo Currículo Inclusivo:
- Padronizar os currículos. Dessa maneira, gerar um documento estruturalmente idêntico para todos os profissionais, e...
- Ao mesmo tempo, apresentar as diferentes capacitações e...
- Aumentar a produtividade na análise dos currículos e...
- Alcançar a equidade no processo de triagem e...
- Ser possível contribuir na escolha do profissional ideal.

Dessa maneira, atinge-se redução de custos ao recrutador no processo de recrutamento e seleção, ao profissional na confecção do currículo e, ao mesmo tempo, agrega valor à atividade com rapidez e efetividade.

4.5 AS OPORTUNIDADES DO CURRÍCULO INCLUSIVO PARA O PROFISSIONAL E PARA O RECRUTADOR

Toda proposta de mudança pode trazer à tona alguns paradigmas de mercado e, claro, muitas incertezas. Por outro lado, propõe novas oportunidades e meios de se fazer o mesmo processo de forma diferente, talvez mais eficiente e eficaz. Sobre isso, o Currículo Inclusivo sugere três abordagens distintas: a visão do recrutador, a visão do profissional e a visão da sociedade.

4.5.1 O valor agregado do Currículo Inclusivo ao recrutador

Considerando as abordagens, estudos e análises contidas neste Livro sobre a triagem de currículos, é possível afirmar que os recrutadores buscam nesse processo: produtividade, efetividade e redução de custo.

- A produtividade está em analisar o máximo de currículos ao menor tempo possível...
- A efetividade está em selecionar influenciadores adequados à vaga e, como consequência, selecionar o(s) influenciador(es) adequado(s) à contratação...
- A redução de custo está no conjunto dos dois fatores anteriores, ou seja, quanto mais se produz e mais efetivo o recrutador é, menor o custo de recrutamento e seleção à empresa.

Para isso, é necessário que um currículo se proponha a ser:
a) Padronizado;
b) Uma ferramenta de gestão; e
c) Capaz de auxiliar na tomada de decisão.

Bastante debatido em diversos momentos neste Livro, a padronização do currículo consiste em uma das maiores necessidades para o aumento da produtividade, uma vez que dados diferenciados, em excesso ou faltantes, além de estilos e designs diversos, são comuns nos currículos enviados para a mesma vaga. Assim, é verdadeiro afirmar que não importa o momento de carreira do profissional ou o seu cargo, disponibilizar dados organizados significa agilidade no processo de triagem.

Mas, diante dessa necessidade, a primeira pergunta é: Por que não a adotamos definitivamente?
A resposta pode e deve estar na falta de pesquisa nessa temática, permitindo que cada pessoa, em cada departamento de cada empresa, crie o seu modelo

adequado. Então, a resposta está em um componente necessário para qualquer pessoa e empresa: aprender com os exemplos bons. Por isso, nesse caso, a linha de produção talvez seja a melhor maneira de entender padronização e o ganho com essa ação.

Padronizar é um dos principais requisitos no processo de fabricação, pois proporciona maior produtividade, redução de custos etc. A padronização, como disseminadora de boas práticas, vem desde a primeira Revolução Industrial e tornou-se ainda mais famosa a partir de Ford e o seu modelo T, gerando o sistema denominado como produção em massa. Atualmente, ainda é o principal sistema utilizado pelas empresas.

A segunda pergunta a ser feita é: como esse processo de fabricação pode ser útil à triagem de currículos?
A resposta pode estar no uso de técnicas da qualidade disponíveis. Se padronizar é um direcionador do processo produtivo e resulta em maior produtividade e redução de custos, muito tem a ensinar ao processo de triagem de currículos.

Dentre as técnicas que podem contribuir em padronização e que é utilizada na linha de produção, o 5S destaca-se por ser uma das mais conhecidas pela aplicabilidade simples. A técnica trata-se de um método de gestão criado no Japão com o objetivo de suprir as necessidades básicas das famílias em função da devastação das cidades após a Segunda Guerra Mundial. Rapidamente, foi disseminada em todos os continentes. No Brasil, os primeiros relatos de uso data da década de 1971, com o auge nos anos 1980 e 1990.

Quando implementado o 5S, os resultados sugerem ampla mudança de comportamento das pessoas envolvidas. Em contrapartida, há possível redução de custos, pois os mandamentos refletem na forma de atuar dentro da organização. O 5S, com o desenvolvimento tecnológico dos últimos anos, passou também a ser aplicado virtualmente, com o uso de técnicas para eliminar o chamado lixo virtual (arquivos não utilizados, adoção de backup etc.).

Em uma atividade de triagem de currículos não deve ser diferente. Os processos envolvidos devem buscar alternativas para que a técnica do 5S seja implementada, começando pela confecção do currículo.

Quadro 11: O currículo e o 5S

Definição	Abordagem 5S nas organizações	Abordagem 5S no currículo
Senso de utilização (SEIRI)	É o descarte. Aquilo que não se faz necessário ter no ambiente de trabalho, não faz sentido estar lá. Mas, é sempre importante lembrar: algo que não funciona em um lugar, não quer dizer que é inútil em outro.	• Retirar dados irrelevantes ao cargo desejado.
Senso de organização (SEITON)	É o ambiente organizado. Considerando que o senso de utilização descartou o que não era útil, agora é o momento de organizar, cada coisa em seu lugar e cada lugar com sua coisa (conceito de uso produtivo).	• Ao destacar o que é relevante, relacionar todos os dados que agregam valor à carreira profissional, incluindo realizações, atuação em práticas ESG etc.
Senso de limpeza (SEISO)	O próprio nome sugere a eliminação da sujeira dos objetos, piso, mesa etc. Identificar a origem da sujeira é tão importante quanto manter limpo.	• Número elevado de páginas e extravagâncias no currículo somente quando o cargo, por meio do recrutador, sugerir. Retirar excesso de figuras, termos e símbolos que não agregam valor.
Senso de padronização (SEIKETSU)	Os procedimentos e padrões a serem utilizados por todos os envolvidos considerando os 3Ss anteriores. Nesse caso, é a eficiência das atividades, assim como trata da higiene e limpeza.	• Padronizar os dados do currículo em locais comuns para todos os profissionais, os diferenciando pela capacitação em cada parte.
Senso de autodisciplina (SHITSUKE	Manter o que fez deve ser regra e a autodisciplina torna isso possível. É rever os 4Ss anteriores e não sair do foco.	• É a combinação das ações das partes envolvidas, gerando o currículo com expectativas idênticas (a estrutura e o que realmente é necessário) a partir da capacitação de cada profissional.

A constante busca pela melhoria contínua deve ser algo tentado em todas as áreas de uma empresa, todo o tempo. As técnicas da qualidade são grandes aliadas para alcançarmos esse objetivo, mas, para isso, é preciso eliminar alguns paradigmas que ainda rondam muitas áreas e atividades. No recrutamento e seleção, sem dúvida, podemos destacar a triagem de currículos.

Então, para atingir os aspectos envolvidos no 5S (e de outras técnicas de qualidade que façam sentido) e aplicá-los ao processo de triagem, além de envolver as sugestões de especialistas, as análises de currículos e as tendências de mercado, é preciso fomentar um esquema de apresentação do currículo com o propósito de integrar as partes envolvidas e as suas expectativas. Para isso, sugere-se:

- Estabelecer um modelo, único e padronizado, com limites de caracteres quando texto corrido, aplicável para qualquer profissional influenciador, independentemente do cargo e momento de carreira;
- Estabelecer a sequência de apresentação dos dados coletados, considerando que a leitura deve ser rápida e, ao mesmo tempo, efetiva. Assim, é possível propor a estruturação em 4 partes:
  - Apresentar: Nome e dados pessoais
  - Direcionar: Objetivo, palavras-chave e resumo
  - Relatar: Dimensões de carreira e o que as envolve, pela ordem (Escolaridade, Experiência Profissional, Experiência Empreendedora, Autenticidade Virtual, TIN e Relacionamento Virtual)
  - Influenciar: Observações Gerais

As quatro partes do currículo buscam concentrar os dados para serem transformados em informação o mais rápido possível (a produtividade), ao mesmo tempo em que sugere dois momentos determinantes, direcionadores da tomada de decisão e conceituados da seguinte maneira:

- Parte direcionar, item resumo = é o momento de atrair a atenção do recrutador definindo o profissional do ponto de vista da capacitação e dos resultados (empresariais e pessoais) gerados ao longo de um período.
- Parte influenciar, item observações gerais = é o momento de convencer o recrutador de que o profissional daquele currículo é a melhor opção para suprir a necessidade da empresa. É o marketing pessoal expresso por meio das habilidades, competências (o que se tem) e possíveis conquistas (o que se pode gerar).

Agora, com essa parametrização, vamos criar um modelo de currículo. A Figura a seguir apresenta esse modelo standard (padrão).

NOME

Solteiro, 34 anos, 1 filho   xxxx@xxxx.com.br

21,35
Perfil: IP

(15) 99999-9999

/nome   Sorocaba - SP

Objetivo: Área administrativa

Palavras-chave:

Resumo: Profissional atuante na área de produção, com conhecimento em lean, gestão da qualidade e implementação de processos e lançamento de produtos. Tem meta de ser gerente em até 5 anos e os seus resultados comprovam que está preparado para isso!

ESCOLARIDADE	Curso/Período	IES	Situação
Graduação	Administração	Universidade A	✓
Pós-Graduação - MBA	Gestão da qualidade	Universidade A	✓
Mestrado	Administração	Faculdade B	✓
Doutorado	Engenharia	Faculdade B	
Pós-Doutorado	-	-	

EXPERIÊNCIA PROFISSIONAL	MPE	ME	GE	Tempo no cargo	Operacional	Tático	Gestão
Total (anos)	5	4	6	Total (anos)	9,0	2,0	3,0

Cursos Extras	Upgrade	Técnico	Curta duração		
Qtde.	1	4	2		

Português ●●●●	● Francês
Inglês ●●●●	Mandarim
Espanhol ●●	Outros

AUTENTICIDADE VIRTUAL	Folhetos	Materiais conteudistas	Artigos	Blogs e podcasts	Livros
Quantidade	3	-	6	-	1

10,2 K

TIN	Qtde.
Aplicativos e afins	2
Inovação e empreendedorismo	-
Empreendedorismo corporativo	5
Blog e podcast	-
Livro	1

Observações gerais

Empresa ABC: 5 anos como aux. de produção
Empresa X1: 4 anos como ass. administrativo
Empresa ZWX: 2 anos de coordenação e 3 de supervisor.
Na empresa atual, estou desde 20xx, atuando com liderança de 7 pessoas. Nesse período, obtivemos saving de 2MM com reestruturação dos processos e implementação de 5S e Kanban.

O Currículo Inclusivo busca, em seu modelo padrão, por meio do objetivo dessa fase do processo seletivo, disponibilizar os dados relevantes ao recrutador para esse momento, ou seja, a apresentação, o direcionamento, o relato e a possível influência do profissional à vaga pretendida. Outros dados, caso o candidato avance, serão solicitados.

Na prática, isso significa maior produtividade ao processo de triagem e foco ao que realmente é importante nessa parte do processo: a combinação entre vaga e candidato. Por exemplo, em uma empresa de grande porte atuante em todo território nacional, a chegada dos currículos é por meio de cadastro no site, e-mail endereçado à área de recursos humanos, rede social profissional e indicação de funcionários e/ou de fornecedores e parceiros.

A empresa tem percebido que os currículos recebidos, por mais que se tenha uma sequência sugerida no site institucional, trazem respostas das mais variadas, tornando a triagem de currículos complexa. Ao permitir outras fontes de recebimento, a complexidade aumenta, mas nem tanto quanto se pensa. A maior dificuldade encontrada está no próprio site em torná-lo algo mais efetivo na filtragem de candidatos, pois, por mais que seja possível a separação por cargo, por exemplo, a relação dos currículos selecionados ainda traz uma incógnita de quais pessoas podem ser, de fato, escolhidas.

O mesmo problema acontece com tantas outras empresas, mudando apenas o tamanho da complexidade, mas não o tempo perdido na pós-filtragem, gerando uma consequência básica que pode prejudicar o candidato mais preparado ao cargo e, ao mesmo tempo, a própria empresa: a *self condition*, algo como a condição própria ou particular do recrutador, a regra por ele criada para a triagem.

Na triagem de currículos, a *self condition* é estabelecida pelo recrutador inicial do processo, ou seja, pessoas não necessariamente capacitadas para essa atividade, definindo o critério e mudando conforme a quantidade de currículos: alguns selecionam os primeiros que chegam, outros os primeiros em acordo com o filtro criado, outros selecionam entre começo, meio e fim daquele volume de documentos e muitos costumam utilizar-se de procedimentos pontuais, observando layout, estrutura ou algo que chame a sua atenção. Qualquer uma dessas maneiras, alcançar o objetivo parece ser, apenas, jogada de sorte.

Com essa perspectiva, o que pode ser feito para recrutarmos adequadamente? A resposta está separada em dois fatores, o primeiro, é o foco deste Livro, a triagem efetiva do currículo, o segundo está no alinhamento entre cultura organizacional e profissional, algo tão importante quanto vender um produto ou serviço. Esses fatores se complementam, voltando à tona algo que você não pode esquecer: nem sempre o melhor profissional é o profissional ideal!

De qualquer maneira, o primeiro fator devemos destacar nesse momento por meio do desenvolvimento do currículo standard e a facilidade e produtividade que ele pode promover na filtragem dos currículos no processo de triagem. Então, é preciso interpretar cada parte desse documento para, cada vez mais, o utilizarmos e disseminarmos essa prática às empresas e profissionais.

- **Parte 1: Apresentar nome e dados pessoais**

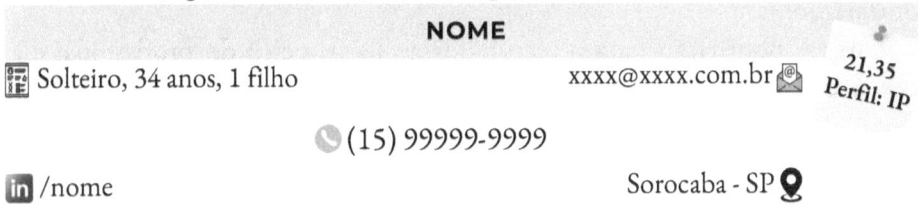

Essa é a parte óbvia de qualquer cadastro, os dados básicos do profissional, envolvendo os contatos, a localidade, as redes sociais, além do resumo pessoal com estado civil, idade e filhos. Entretanto, com o Currículo Inclusivo, sugere-se a adoção da pontuação do indivíduo nesse momento, identificando o seu perfil. Esses dados (pontuação e perfil) são importantes para a definição condicional do recrutador na escolha dos currículos. Por exemplo, vamos considerar o destacado: 21,35 pontos e perfil IP.

Definimos, ao abordar os intervalos de pontuação, que o perfil IP sugere experiência consolidada na área de atuação e possível indicação aos cargos de liderança medianos tais como, coordenação e supervisão, quando o CIn estiver abaixo da metade do seu intervalo. Acima da metade do seu intervalo, é sugerida avaliação para cargos gerenciais. Em nosso exemplo, a pontuação pode ser considerada mediana, então, o profissional estaria em momento de transição entre cargos e se preparando (ou se condicionando) para assumir funções em gestão estratégica.

Assim, a pontuação do currículo define se o profissional pode ou não fazer parte daquele processo seletivo. Por exemplo, se a empresa está em busca de alguém em cargos medianos de liderança, sem grandes perspectivas no curto e médio prazos para novos desafios, é interessante preterir esse candidato com a pontuação destacada pelo respeito ao contrato psicológico (a conversa aberta com o profissional e possíveis promessas recíprocas entre as partes envolvidas), da mesma maneira se a busca visa que o indivíduo assuma a liderança gerencial no curto prazo. Entretanto, caso a pessoa esteja nessa transição de capacitação entre coordenação e gerência, o profissional destacado deve ser considerado para as próximas fases, sabendo que ele pode promover resultados importantes na condução da equipe atual.

Por isso, nessa primeira parte, busca-se:
i. Dados gerais: Para o recrutador entender a viabilidade operacional de contratação; e
ii. Score: A pontuação para o recrutador avaliar o perfil do profissional e a aderência ao cargo.

- **Parte 2: Direcionar ao objetivo, palavras-chave e resumo**
Talvez essa é a parte que mais tenha crescido em importância nos últimos anos, principalmente com o avanço tecnológico, em que plataformas de processos seletivos, cadastro de vagas e currículos, redes sociais etc. surgiram e se desenvolveram como meios de encontrar o profissional ideal à empresa.

Na prática, a proposta realmente é boa, mas a aplicação deixou a desejar ao longo do tempo, principalmente motivada pela suposta esperteza do profissional ao diagnosticar que a triagem estava centrada, muitas vezes, na combinação das palavras-chave. O que ocorreu, apesar de muitas dessas plataformas não admitirem, foi o aumento no número de candidatos por vaga, exatamente pela facilidade que se encontrou em fazer parte de mais triagens de currículos ao "falar o que se quer ouvir".

Em uma das plataformas mais conhecidas no mercado, o seu fluxo de trabalho se perdeu ao longo do tempo pela tentativa de adaptação às demandas e, claro, aos resultados gerados muito aquém do esperado, consequência das palavras-chave e demasiada quantidade de testes e afins que criam, mais uma vez, resultados individuais difíceis de serem comparados entre os candidatos.

Entretanto, o uso das palavras-chave não pode ser desconsiderada, muito pelo contrário, deve ser um componente do currículo, mas não como parte comparativa, pois tais palavras não podem definir capacitação e, muito menos, promover exclusão por conotação errada do recrutador.

Por isso, nessa segunda parte, busca-se:
i. Objetivo e palavras-chave: Para o recrutador analisar os propósitos do profissional com as perspectivas do cargo;
ii. Resumo: Para o recrutador conhecer um pouco mais sobre o profissional e assim gerar a primeira análise;

- **Parte 3: Relatar as dimensões de carreira e o que as envolve**
Essa é a parte de expressar as experiências adquiridas ao longo do tempo e os aprendizados adquiridos que o tornam um candidato apto à vaga pretendida. Por isso, apresenta-se a escolaridade, experiência profissional, experiência empreendedora, autenticidade virtual, envolvimento com tecnologia, inovação e negócios e o relacionamento virtual.

As dimensões, amplamente discutidas neste Livro, devem promover algo ao recrutador, a intensificação do interesse, iniciado, de fato, pela parte 2 e aguçado nesse momento. Na triagem, dada a necessidade de produtividade e, consequentemente, da seletividade de currículos para a sequência do processo seletivo, os dados das dimensões devem ser meramente informativos e dinâmicos, permitindo que dados descritivos fiquem para outro momento. Por exemplo, o tempo de experiência é mais importante do que o detalhamento do que se fazia no cargo.

Por isso, nessa segunda parte, busca-se:
i. Dimensões: Para o recrutador conhecer as credenciais do profissional, incluindo os itens relevantes para a triagem do currículo.
- o Em escolaridade, para cada curso informado pelo profissional, destaca-se o seu interesse em aprendizado contínuo, mesmo se alguns apresentarem-se incompletos ou paralisados.
- o Em idioma, a capacidade de dialogar em diferentes línguas direciona ao interesse em adaptação.
- o Em cursos de curta duração e afins, mais uma vez o aprendizado torna-se destaque e fator determinante na análise do currículo.

- Em experiência empreendedora, uma das mais buscadas desde o início do século XXI, ratificando a necessidade das empresas em ter pessoas inovadoras e/ou que estão abertas às mudanças constantes.
- Em autenticidade virtual, é o momento de apresentar, quantitativamente, a contribuição à sociedade em geral por meio folhetos, artigos, livros etc.
- Em TIN, outro momento determinante, em que se percebe a contribuição à sociedade envolvendo aspectos como as práticas ESG, além de apresentar o envolvimento com tecnologia e projetos e a contribuição à empresa.
- Em relacionamento virtual, destacando o engajamento e consequente potencial do profissional em relação ao endomarketing.

- **Parte 4: Influenciar por meio das observações gerais**

Essa parte de convencimento mútuo, ou seja, o profissional se convenceu de que ele tem capacitação à vaga e o recrutador acreditou. Por mais que você tenha certeza da sua capacitação, tornando o convencimento redundante, entenda que não se trata de acreditar em si, mas na capacitação que temos para determinada vaga pretendida.

Na prática, essa parte é, de certa maneira, a nossa análise pessoal sobre o currículo, gerada por meio de uma pergunta: Estamos realmente capacitados para essa vaga?

Se a sua resposta é SIM, então, é o momento de expressar esse sentimento e convencer o recrutador. Todavia, perceba que essa parte é mutável, sugerindo que seja alterada continuamente dependendo da vaga, da empresa e até do contrato formal e psicológico envolvidos. Com isso, temos um problema crônico: a maioria dos profissionais tem apenas um currículo generalizado e encaminhado às mais variadas empresas.

Obviamente, em muitos momentos, tal ação pode até funcionar, mas é fato que, em tantos outros, o profissional é preterido por não encaixar-se ao perfil desejado pela empresa, ou seja, não se discute, muitas vezes, a capacitação e sim o conceito de desenvolvimento do currículo, seja pelo layout, figuras e símbolos utilizados, cores e até escrita. Nessa parte do currículo, as Observações Gerais, é preciso ter o texto segmentado e repassado ao recrutador conforme as características percebidas dele (ou da empresa), aumentando, consideravelmente, as chances de ser notado.

Por outro lado, se o recrutador tem tempo escasso para triagem de currículos, os objetivos gerais, bem como o resumo e os dados gerais, podem ser fortes direcionadores de leitura e interpretação, auxiliando a seleção nessa fase inicial. A frase que define essa parte é: se você é capaz de influenciar as pessoas nas redes sociais, você deve ser capaz de influenciar o(s) recrutador(es).

Nesse sentido, a triagem de currículo, apesar do avanço que o modelo standard pode proporcionar em agilidade, apenas padronizar não é suficiente para o recrutador tornar essa fase mais efetiva. Como complementação, é necessário analisar os influenciadores profissionais a partir dos currículos disponíveis antes mesmo da tomada de decisão inicial. Para isso, seja em planilha eletrônica ou qualquer outra aplicação, é necessário criar indicadores sobre o processo de triagem.

Para isso, por meio do Currículo Inclusivo, é possível gerar informações acerca dos profissionais e, assim, permitir a comparação equitativa entre eles, o que pode resultar, ao longo do processo seletivo, maior assertividade à tomada de decisão baseada em fatos apresentáveis, discutíveis e comparáveis, com menos subjetividade e mais objetividade.

Portanto, se a análise comparativa é necessária entre os currículos disponíveis, o perfil meta gerado pelo próprio recrutador pode ser uma maneira rápida de encontrar o profissional, pois, nesse caso, as pontuações mais próximas ao idealizado tornam-se eletivas à continuidade no processo. Por exemplo, o recrutador, ao simular o profissional ideal para determinada vaga, alcançou a pontuação 14,45, um perfil IP.

Tabelas 19 e 20: Modelagens para definição dos intervalos no perfil

%	De	Até	Descrição
	0	7,22	Abaixo do perfil
-10,0%	13,01	14,44	Perfil -potencial
-30,0%	10,12	13,00	Perfil baixo
-50,0%	7,23	10,11	Perfil regular

%	De	Até	Descrição
30,0%	18,79	21,67	Perfil +potencial
50,0%	21,68	23,11	Perfil alto
60,0%	23,12	24,56	Perfil excelente
70,0%	24,57	-	Acima do perfil

%	De	Até	Descrição
0,0%	14,45	18,78	Perfil ideal

O raciocínio utilizado está representado nos percentuais indicados ao lado de cada intervalo, seguindo dois caminhos distintos a partir da pontuação idealizada (no exemplo, 14,45):

- aumentando a pontuação, com % entre 30% e 70%; e
- reduzindo a pontuação, com % entre 0% e -50%.

Com os intervalos estabelecidos, o recrutador pode selecionar, para a próxima fase do processo, os profissionais com pontuação nos intervalos relacionados à descrição potencial, a primeira opção, por estarem mais próximos ao ideal. Posteriormente, caso não encontre o profissional, aumenta-se o intervalo para os perfis. As descrições com perfis abaixo e acima não devem ser consideradas, pois ora os indivíduos estão aquém da capacitação mínima à vaga, ora estão além do exigido.

Para testar o modelo e tentar compreender como a opção de intervalo de pontuação pode ser relevante na triagem, a partir de uma vaga disponibilizada em redes sociais, utilizando-se dos requisitos do Currículo Inclusivo, foram recebidos 41 currículos, todos via e-mail. O resultado apresentou uma grande diferença entre os profissionais.

Gráfico 4: Pontuação por currículo

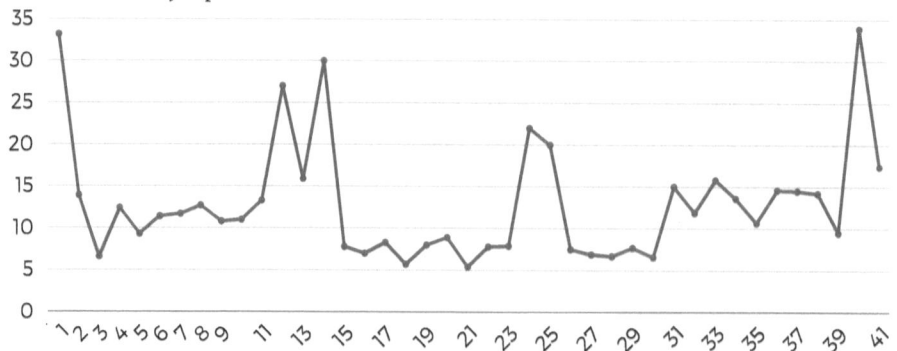

Observe que a disparidade na pontuação é bastante acentuada, permitindo afirmar que muitos influenciadores foram induzidos pela oportunidade disponível, não necessariamente pela adequação da sua carreira à vaga. Do ponto de vista do recrutador, esse resultado demonstra que, muitas vezes, avaliar currículos para triagem é um processo que relaciona erro do ofertante e aceitação do demandante, surgindo a ineficiência.

A resposta aos processos ineficientes costuma ser por meio de compensações para reparar o erro. Assim, na triagem, em que a prática de muitos recrutadores é analisar um currículo em até 30 segundos, algo inviável, torna-se a correção para alinhar as expectativas de início e término do processo. Apesar de aceito tal ação no mercado, a pergunta que precisamos fazer é: Essa é a melhor alternativa para a triagem não ser o gargalo no recrutamento e seleção?

Com certeza, a resposta é Não!

Mas, para isso, precisamos adotar mecanismos para minimizar a baixa eficiência do processo de triagem, tornando o intervalo de pontuação, baseado no Currículo Inclusivo, como uma das alternativas viáveis para minimizar ou eliminar esse tipo de conduta. Observe a seguir os resultados quando consideramos os intervalos na análise inicial de triagem.

Tabela 21: Dados de análise dos currículos

Descrição	Qtde.	%		Perfil	Qtde.	%
Abaixo do perfil	7	17,0	Pontuação média 13,0	IN	0	0,0
Perfil regular	10	24,3		TR	2	4,9
Perfil baixo	8	19,5		IJ	21	51,2
Perfil -potencial	4	9,8	Mediana 11,4	IP	16	39,0
Perfil ideal	6	14,6		IS	2	4,9
Perfil +potencial	1	2,4		IM	0	0,0
Perfil alto	1	2,4				
Perfil excelente	0	0,0				
Acima do perfil	4	9,8				

Baseado nos resultados gerados, considerando que o intervalo do profissional ideal está entre os perfis -potencial e +potencial, englobando também, obviamente, o perfil ideal, aproximadamente 73% dos currículos seriam eliminados, ou seja, a produtividade no processo seria bem maior quando comparada aos métodos tradicionais.

É sempre importante ressaltar que no modelo atual de triagem, em que há muita subjetividade envolvida por meio de escrita, uso de palavras-chave e afins, alguns destes currículos descartados pelo Currículo Inclusivo poderiam ser selecionados pelo recrutador para avançar no processo seletivo, projetando mais improdutividade.

Apesar de apenas 11 currículos serem selecionados de 41 candidatos, é possível chegarmos em mais algumas conclusões:

- O denominado Perfil ideal teve apenas 6 candidatos (menos de 15% do total);
- O score médio é de 13,00, o início do intervalo ideal proposto pelo selecionador, explicando o baixo desempenho da seleção de currículos.
- Corroborando com o item anterior, a mediana está abaixo do mínimo exigido pelo recrutador, ratificando que as candidaturas estiveram alheias às condições estabelecidas.
- Mais de 50% dos currículos ficaram concentrados no perfil IJ, aquém do sugerido pelo recrutador, o IP.

Como complementação dessa análise, o selecionador pode utilizar-se do parâmetro da pontuação e, consequentemente, do perfil identificado, para determinar aprovação à próxima fase de profissionais que alcancem, nas dimensões, aspectos importantes à vaga, independentemente da pontuação atribuída. Assim, é possível, em situações de tempo escasso para realização do processo, aumentar o número de candidatos para as próximas fases.

Caso essa premissa seja adotada, sugere-se selecionar os *outliers* nas dimensões identificadas como estratégicas, os selecionando para a próxima fase do processo seletivo. Por exemplo, nessa condição, caso a escolaridade seja determinante, o profissional nº 1 tem a maior pontuação destacada, enquanto 16 currículos apresentam a menor pontuação, sendo descartados caso não estejam nos perfis pré-selecionados.

Por outro lado, a gestão na triagem é tão importante quanto a decisão sugerida anteriormente. O candidato nº 1, assim como o 12, 14 e 40, têm, em média, score 31, resultando em 43% acima da pontuação máxima apresentada pelo recrutador, permitindo refletir se a sua aprovação para essa vaga traz consigo conflito sobre contrato psicológico iminente. Por isso, o segundo fator que pode responder a pergunta sobre como fazer um recrutamento adequado é tão importante: o alinhamento entre cultura organizacional e profissional, ou seja, o candidato precisa fazer parte e aceitar as condições estabelecidas.

Na prática, significa dizer que a cultura organizacional deve ter a sua aderência testada antes mesmo do profissional ser contratado, criando um modelo de triagem diferente do que se tem tradicionalmente, saindo a análise básica sobre currículos e entrando o score do profissional e o contrato psicoformal. Se já falamos sobre o documento que transmite, a partir das dimensões, identificar o profissional, agora é o momento de entender quais são as convicções do indivíduo e se elas estão alinhadas ao que a empresa contratante defende.

A cultura organizacional, em sua definição mais comum, é o conjunto de ações, crenças e métodos estabelecidos pelos líderes de uma empresa que a fazem ser conduzida conforme estes princípios. É possível afirmar ainda que a cultura, para ser estabelecida, precisa da estrutura organizacional, ou seja, a maneira como a empresa está hierarquizada e conduz os seus negócios. Além disso, a cultura é composta por oito elementos que se complementam moldando o jeito de ser da firma.

Histórias e mitos	Comunicação
Crenças e pressupostos	Normas
Ritos, rituais e cerimônias	Tabus
Valores	Heróis

Cada um desses elementos representa parte da formação da empresa e podem ser explicados, resumidamente, da seguinte maneira:

i. Valores: É desenvolvido geralmente pelo dono/gestor da empresa. Neles, os valores, repercutem o comportamento, a forma de atuar e outros fatores que, do ponto de vista de quem desenvolve, agregam valor.

ii. Heróis: É o que dá sustentação aos elementos porque representa a "cara" da empresa, ou seja, pessoas, não necessariamente o dono, que expressam como ela é e como as pessoas a veem.

Esses dois elementos foram considerados pilares da estrutura porque o primeiro tem na maneira de agir do(s) dono(s) a principal característica e o segundo representa e apresenta o jeito de ser da empresa. Os demais, sem qualquer ordem estruturada de posicionamento, também são fundamentais.

iii. Rituais, ritos e cerimoniais: Esse elemento é direcionado às atividades criadas para determinado fim.

iv. Tabus: Esses são cada vez mais raros, mas ainda existem dentro das empresas. São situações (internas ou externas) que permanecem enraizadas na cultura, das mais variadas maneiras (preconceito por uma mulher motorista de caminhão, por exemplo).

v. Crenças e pressupostos: Essas podem ser consideradas as verdades absolutas, com nenhum ou poucos questionamentos. Em alguns momentos, a crença, quando não associada à cultura, pode ter que ser revista.

vi. Normas: Definem até onde cada pessoa pode ir, considerando o preestabelecido. Nessa situação, dependendo da empresa, há punição aos comportamentos não aceitos.

vii. Histórias e mitos: Algumas empresas tornam situações reais em histórias reais e outras em histórias adaptadas. A origem da empresa é uma das maiores aplicações desse elemento, transformando a cronologia em diversos momentos de superação, mesmo nem sempre sendo verdadeiros.

viii. Comunicação: É o processo de troca de informação, fator essencial para qualquer empresa, seja interna (para os empregados) ou externamente (para o mercado).

Obviamente, a intensidade de cada um dos elementos varia de empresa para empresa, mas é possível afirmar que todos os elementos estão presentes em todas as organizações, independentemente do porte, localização ou qualquer outra característica. Por isso, é comum que muitas firmas sejam identificadas por um ou outro elemento, percebidos e intensificados ao longo do tempo, disseminados pela experiência dos funcionários e outras partes envolvidas e ratificados pelo *storytelling*.

O *storytelling* é um dos argumentos mais importantes nos negócios, pois, a partir dele, se estabelece, dentre outros fatores, a história que vende, desde um produto até a imagem corporativa da empresa. Exemplos não nos faltam: tem aquela empresa do segmento de cosméticos que é vista como muito preocupada com o meio ambiente e aquele apresentador que se transformou em ícone da televisão brasileira. Não é preciso citar os nomes, é bem provável que você sabe o nome da empresa e do apresentador mencionados. Nem tudo pode ser verdade, mas transformou-se em realidade...

Agora, com o entendimento básico sobre cultura organizacional, é preciso avaliar o grau de combinação entre o profissional entrante e a empresa, com o propósito de contratar indivíduos que tenham aderência ao jeito e à maneira de ser da firma. Para isso, vamos considerar os seguintes procedimentos:

Passo 1: Determine a ordem de importância de cada item conforme a cultura organizacional da empresa.

Conceito	Descrição	Ordem
Responsabilidade	Não atrelada ao cargo e sim ao empowerment (autonomia e poder de decisão).	
Confiabilidade	Relacionada à empresa e aos gestores.	
Ambiente de trabalho	Percepção amistosa no relacionamento entre os funcionários em um processo de ajuda mútua.	
Salário	Valor.	
Locomoção	Inclui estacionamento e facilidade de trajeto.	
Qualidade de vida	Inclui processo híbrido de trabalho (*home office* e presencial), laboral, grêmio etc.	
Distância	Tempo de trajeto e/ou mudança de cidade.	
Orgulho de pertencer	Valor agregado da marca à vida pessoal e profissional.	
Cargo formal	Informação em contrato de trabalho.	
Cursos - idiomas	Associado às línguas estrangeiras.	
Cursos - diversos	Treinamento e desenvolvimento.	
Plano de carreira	Processo de desenvolvimento de carreira formal.	
Peso da marca	Empresa com atuação destacada no mercado.	
Benefícios	Vale-alimentação, vale-refeição, assistência médica etc.	
PLR	Participação nos lucros e afins.	

Os vários conceitos apresentados buscam relacionar os mais variados propósitos para que o profissional tenha interesse em participar do processo seletivo e, assim, fazer parte do quadro de funcionários. Alguns desses conceitos podem ou não estar disponível nas empresas, pois depende do porte, da localização dentre outros fatores. Por exemplo, o grêmio trata de um ambiente estilo clube (depende de cada local) em que os funcionários têm acesso e podem desfrutar dos recursos disponíveis (jogos de tabuleiro, esportes, áreas de descanso e lazer com a família etc.)

A ordem é a importância estabelecida para cada conceito, considerando as definições propostas pelo recrutador. Assim, pela ordem, o 1º conceito equivale a 15 pontos, o 2º equivale a 14 pontos e assim, sucessivamente, até atingir os 15 conceitos, ou seja, o 15º conceito equivale a 1 ponto.

<u>Passo 2</u>: Responda sobre as afirmações conforme a cultura organizacional da empresa (recrutador com o ponto de vista de(o) dono).

Q	Afirmação
1	Mudança, tarefa ou relacionamento? Eu prefiro líder associado à mudança, ou seja, liderança voltada à análise constante de mercado, do ambiente e da inovação.
2	Mudança, tarefa ou relacionamento? Eu prefiro líder associado à tarefa, ou seja, liderança voltada à operacionalização das atividades.
3	Mudança, tarefa ou relacionamento? Eu prefiro líder associado ao relacionamento, ou seja, liderança voltada para o coaching e desenvolvimento dos funcionários.
4	Eu já atrasei entrega das minhas atividades por estar ajudando outras pessoas em suas atividades.
5	Eu tenho interesse em empresas com plano de carreira claro e definido.
6	Eu prefiro atuar em empresa com marca forte no mercado.
7	Eu costumo ajudar os demais funcionários da minha área em tarefas diversas.
8	Eu acredito que as empresas devem dar auxílio financeiro à prática de novos idiomas, mesmo sem ser algo necessário ao cargo/função.
9	Eu prefiro empresas com marcas conhecidas e isso é determinante na escolha do novo emprego.
10	Mesmo que não seja da área comercial, é meu dever divulgar os produtos e serviços da empresa em que atuo.
11	Eu entendo ser um direito de todo funcionário ter PLR.
12	Eu entendo que as empresas devem fomentar as práticas esportivas e lazer por meio de parceiras com clubes e associações.
13	Eu considero o PLR como parte do meu salário.
14	Eu acredito que todas as empresas devem disponibilizar benefícios aos seus funcionários.
15	Eu percebo e admiro funcionários que são líderes mesmo sem o cargo ou função formalizado.
16	Eu preciso estar bem com os demais funcionários para produzir melhores resultados.
17	Eu incentivo, sempre que possível, o uso/consumo dos produtos e serviços da empresa em que atuo.
18	Eu entendo que as marcas fortes no mercado pertencem às grandes empresas, favorecendo a minha escolha de trabalho.
19	Eu entendo que a empresa deve colaborar com reembolso envolvendo estacionamento quando solicitado pelo funcionário.
20	Eu sou a favor da liberação de bebidas (alcóolicas ou não), dia do pet, informalidade etc. como ações para melhorar o clima organizacional.
21	Eu espero que a empresa ofereça facilidades de trajeto, tais como, ônibus fretado e afins.
22	Eu considero que a facilidade de trajeto é importante para eu aceitar uma proposta de emprego.
23	Eu espero um PLR anual de, no mínimo, um salário.
24	Eu sempre me interesso por empresas que oferecem cursos e treinamentos aos seus funcionários.
25	Eu acredito que o salário é o item mais importante em um contrato de trabalho, pois outros benefícios podem ser alcançados posteriormente.
26	Eu prefiro ter autonomia e assumir a responsabilidade do que sempre depender dos meus superiores.
27	Eu não aceito ter um cargo inferior ao meu anterior quando troco de empresa.
28	Eu prefiro trabalhos híbridos, ou seja, atividades presenciais e home office combinadas.
29	Eu costumo procurar vagas de emprego em empresas que têm marcas conhecidas no mercado.
30	Eu gostaria de divulgar os produtos e serviços da empresa em que atuo em troca de compensação financeira.

Q	Afirmação
31	Eu prefiro trabalhar em empresas que distribuem PLR para todos os funcionários.
32	Eu entendo que marcas conhecidas no mercado podem ter mais oportunidades de carreira.
33	Eu entendo que os benefícios me ajudam a estar mais motivado para o trabalho.
34	Eu entendo que a empresa deve arcar com todos os custos com deslocamento de um funcionário.
35	Eu não aceito ter uma função e o meu cargo ser diferente.
36	Eu não abro mão de fins de semana e feriados pelo trabalho.
37	Eu aceito trabalhar para ganhar menos que o pretendido quando é uma marca forte no mercado.
38	Eu fico mais interessado na proposta de trabalho, mesmo que não tenha plano de carreira definido.
39	Eu quero trabalhar em empresas que tenham marcas conhecidas no mercado em que atuam.
40	Eu busco apenas conforto financeiro quando aceito uma proposta de trabalho, o que não significa falta de dedicação ao trabalho.
41	Eu sou adepto aos treinamentos constantes para melhorar desempenho.
42	Eu entendo que o salário fixo é algo fundamental para garantir a segurança necessária para o alcance dos objetivos definidos entre o profissional e a empresa.
43	Eu acredito que a distribuição de PLR é uma situação recorrente apenas nas grandes empresas.
44	Eu faço todos os cursos e treinamentos oferecidos pela empresa em que atuo.
45	Eu aceito divulgar em minhas redes sociais os produtos e serviços da empresa em que atuo, mesmo sem compensação financeira.
46	Eu aceito praticar novos idiomas mesmo que a empresa não ofereça auxílio financeiro.
47	Eu escolho trabalhar em empresas em que sou usuário/consumidor de seus produtos e/ou serviços.
48	Eu entendo que o auxílio financeiro à prática de novos idiomas deve ser algo associado à necessidade da função.
49	Eu costumo ajudar os demais funcionários da empresa mesmo que não façam parte da minha área.
50	Eu espero que os benefícios concedidos pela empresa sejam sempre superiores à média de mercado.
51	Eu considero o tempo de trajeto fundamental na escolha de um novo emprego.
52	Eu gosto de divulgar os produtos e serviços da empresa em que atuo, mesmo sem compensação financeira.
53	Eu invisto em minha carreira por meio de cursos e estudos diversos.
54	Eu entendo que o trabalho é uma troca entre salário e metas estabelecidas, então, é isso que busco na relação com uma empresa.
55	Eu entendo que o salário é importante, mas o aprendizado ainda é mais relevante.
56	Eu entendo que atribuir o cargo formal ao funcionário é uma obrigação da empresa e deve ser sempre assim estabelecido.
57	Eu prefiro trabalhar em empresas com vários benefícios mesmo atuando em outro cargo/função.
58	Eu considero que metas e ganhos estabelecidos, por serem mais acessíveis, são mais relevantes do que o plano de carreira.
59	Eu entendo que o plano de carreira é fundamental para qualquer profissional e é uma maneira da empresa o reter.
60	Eu entendo que o desenvolvimento não deve ser apenas responsabilidade do profissional.
61	Eu entendo que dar autonomia ao profissional é uma maneira de motivá-lo no ambiente de trabalho.
62	Eu assumo responsabilidade e os riscos que fazem parte da tomada de decisão.
63	Eu entendo que uma empresa com marca conhecida é mais favorável às minhas expectativas de cargo e salário.
64	Eu aceito mudança de cidade.
65	Eu entendo ser mais importante o desenvolvimento profissional do que o plano de carreira preestabelecido.
66	Eu me importo mais com a responsabilidade que é atribuída do que com o cargo formal.
67	Eu escolheria trabalhar em uma empresa por ter mais benefícios que a outra opção.
68	Eu acredito que o cargo formal me deixa mais motivado para atuar.
69	Eu prefiro ter o meu cargo formal conforme a minha função.
70	Eu entendo que práticas laborais (por ex.: ginástica) são fundamentais para melhorar a qualidade de vida e desempenho do profissional.

As respostas para o Passo 2 devem compreender uma das cinco possibilidades:
- Com certeza
- De vez em quando
- Indiferente
- Raramente
- Discordo

As cinco possibilidades são variáveis quanto às afirmações e às pontuações atribuídas. Por exemplo, uma das afirmações está assim configurada:

Frase	Expectativa do recrutador	
Eu costumo ajudar os demais funcionários da minha área em tarefas diversas.	Com certeza 0,4	A variação sugerida é entre 0 e 1 ponto, sem qualquer parâmetro predefinido de intervalo entre as expectativas
	De vez em quando 1	
	Indiferente 0,1	
Resposta do candidato: Com certeza	Raramente 0,3	
	Discordo 0,2	

Então, sob o entendimento do recrutador, essa afirmação apresenta a sua expectativa em relação ao funcionário, relacionando a resposta à pontuação. Nas demais afirmações, o mesmo procedimento se repete, alternando-se a pontuação, se necessária. No exemplo, o candidato obteve 0,4 ponto.

Passo 3: Os envolvidos no processo, candidatos ou funcionários, respondem, nas mesmas condições, a opinião sobre cada afirmação.

Passo 4: A análise de resultados deve considerar alguns aspectos importantes para chegar à decisão sobre o grau de combinação:
- As três primeiras afirmações estão relacionadas ao perfil de liderança mais acentuado, necessitando que o recrutador (gestor) identifique, por meio dos seus liderados, qual ou quais deles o destaca.

1 Mudança, tarefa ou relacionamento? Eu prefiro líder associado à mudança, ou seja, liderança voltada à análise constante de mercado, do ambiente e da inovação.

2 Mudança, tarefa ou relacionamento? Eu prefiro líder associado à tarefa, ou seja, liderança voltada à operacionalização das atividades.

3 Mudança, tarefa ou relacionamento? Eu prefiro líder associado ao relacionamento, ou seja, liderança voltada para o coaching e desenvolvimento dos funcionários.

Com isso, determina-se a pontuação, destacando-o dos demais. Exemplo:

Vamos considerar que o gestor foi identificado com o perfil da afirmação 1 como mais relevante, ou seja, associado à mudança. As respostas às 3 afirmações devem seguir algo mais ou menos assim:

Afirmação 1	Afirmação 2	Afirmação 3
Com certeza 1	Com certeza 0,4	Com certeza 0,2
De vez em quando 0,8	De vez em quando 0,3	De vez em quando 0,1
Indiferente 0,5	Indiferente 0,2	Indiferente 0
Raramente 0,2	Raramente 0,8	Raramente 0,9
Discordo 0,1	Discordo 1	Discordo 1

As respostas do gestor estão demonstrando que:

i. O perfil é associado à mudança, logo, o profissional que concorda com esse tipo, tem mais aderência ao seu futuro líder, todavia, a pontuação para discordo e raramente é baixa. Entretanto, sob o ponto de vista do gestor, ser indiferente pode ser indicativo que o candidato é moldável, permitindo a metade da pontuação máxima.

ii. O perfil associado à tarefa não está associado ao gestor, então, o candidato que concorda com esse tipo, tem a pontuação reduzida. O mesmo acontece com o perfil associado ao relacionamento, mas esse último é ainda mais distante das características do líder, pois a pontuação para quem discorda é maior do que o anterior.

Lembre-se que são pontuações sugeridas e alteráveis conforme a necessidade e entendimento de cada gestor e time que lidera. Por exemplo, em equipes operacionais, a pontuação pode ser diferente de equipes administrativas, entre cargos etc.

Complementando, podemos destacar:

• As demais afirmações podem ser caracterizadas como individuais, apesar de serem parte de um conceito, valendo a pontuação expressa pelo gestor e, a partir da resposta do candidato, a devida atribuição.

• O gestor pode verificar a aderência do profissional em relação ao conceito estabelecido e o seu grupo de afirmações ou apenas pela afirmação individualmente.

Ao final das respostas, cada afirmação tem uma pontuação assim definida:
pontuação pela ordem do conceito * pontuação pela escolha

Por exemplo, se a afirmação 1 está no conceito mais importante sob o ponto de vista do gestor, a sua pontuação é igual a 15, logo, se a resposta atingiu 1 ponto, demonstrando que as respostas do gestor e do candidato tiveram aderência 100%, o cálculo fica assim:
15 * 1 = 15

A soma das afirmações do candidato gera a sua pontuação final que, ao ser comparada relativamente à pontuação do gestor, identifica a interação da cultura organizacional ao possível funcionário.

De	Até	Sugestão	Observação
0,0%	40,0%	Inapropriado	O perfil e preferências não estão alinhadas à cultura organizacional. Nesse caso, recomenda-se NÃO contratar/reter o profissional.
40,01%	60,0%	Revisável	Apesar do perfil e preferências não apresentarem certo alinhamento à cultura organizacional da empresa, é necessário análise específica. Nesse caso, recomenda-se análise de cada conceito considerando a importância e a similaridade entre as respostas (Empresa/Profissional) para a contatação/retenção.
60,01%	80,0%	Tolerável	Busca-se, por meio de ações diversas, maior aproximação (identificando os conceitos menos similares) entre o profissional e a empresa. Nesse caso, a contratação/retenção é uma decisão do gestor.
80,01%	90,01%	Potencial	Há similaridades significativas que aproximam a empresa e o profissional. Nesse caso, recomenda-se a contratação e intensifica-se a cultura organizacional do local.
90,01%	100,0%	Apropriado	O alinhamento de respostas entre empresa e profissional direciona para um relacionamento imediato. Nesse caso, recomenda-se, além da contratação/retenção, a busca pela disseminação da cultura organizacional aos demais funcionários por meio desse profissional.

Por fim, é importante realizar a análise gráfica por meio da meta de similaridade, envolvendo cada conceito e a aderência entre a empresa (o gestor) e o profissional (candidato ou funcionário), gerando outra alternativa de perceber se a cultura organizacional é condizente à expectativa do indivíduo, seja ele funcionário ou postulante.

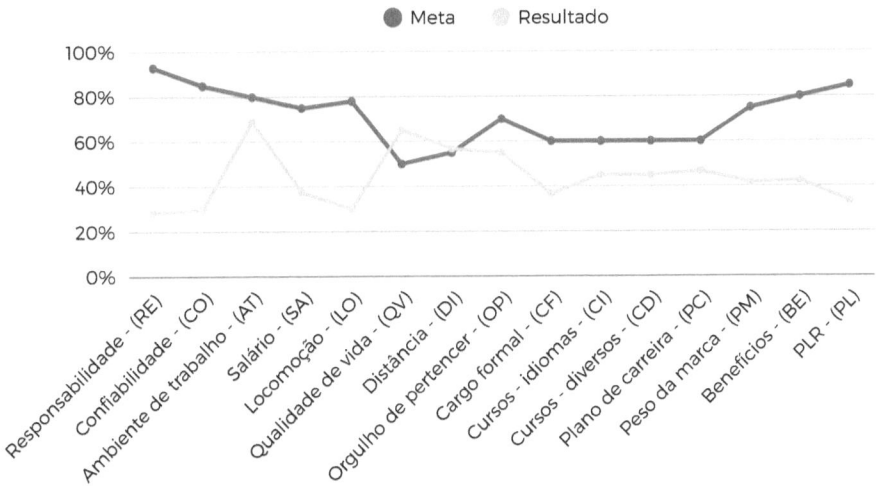

Nesse exemplo, dois dos quinze conceitos alcançaram a real interação entre empresa e candidato, fazendo com que a tomada de decisão sobre a aprovação para as próximas fases do processo seletivo seja, exclusivamente, baseado em critérios predefinidos. Por exemplo, o decisor pode determinar que, somente candidatos que alcançaram, ao menos, 40% de interação, podem ser aprovados à próxima fase. Nesse sentido, seriam necessários que, no mínimo, 6 conceitos demonstrassem integração.

4.5.2 O valor agregado do Currículo Inclusivo ao profissional

Sem dúvida, o profissional dos tempos atuais tem diversas preocupações financeiras. Essas preocupações são, muitas vezes, em razão de custos associados à alimentação, educação, bens de consumo dentre outros itens. Por isso, reduzir ou erradicar um gasto pode significar melhorar o padrão de vida, criar condições para cumprir obrigações pendentes etc. Nesse sentido, não importa o valor reduzido e sim a acumulação gerada. Dentre os custos gerados, os primeiros a serem eliminados são os caracterizados como atividades improdutivas. Nessa relação, pode estar a academia que não é frequentada, a assinatura da revista que não é lida ou o canal nunca assistido.

Em geral, as atividades improdutivas são aquelas que não agregam valor ao processo, independentemente da sua complexidade. Por exemplo, fazer um relatório todos os meses e que ninguém dá importância, mas o gestor exige por fazer parte do procedimento ora definido. Outras situações podem ser destacadas, sob o ponto de vista da área de recursos humanos, considerando a necessidade dos recrutadores em reduzir o tempo de recrutamento, a responsabilidade da triagem ser do indivíduo com menor nível hierárquico etc., ratificando que a avaliação de currículo parece ser direcionada à atividade improdutiva. Veja os motivos para essa conclusão:

- Mesmo que destoado nos últimos anos, o currículo tem valor agregado no conteúdo e não em seu jeito de ser desenvolvido.
- Uma empresa utiliza o currículo em seu modelo tradicional apenas no processo de recrutamento (1 vez).
- Os recrutadores gastam, em média, até 30 segundos para analisar um currículo.
- As empresas contratam pessoas e as suas capacitações e não os dados destacados em um currículo.

Entretanto, o fato da atividade ser improdutiva não significa que a eliminação é obrigatória, apenas, dependendo do contexto, é necessário dispender o mínimo esforço possível em sua realização e ao menor custo. No caso do currículo, o efeito ao longo do tempo foi contrário.

A confecção do currículo passou ao longo dos anos por uma transformação do seu design, das necessidades de dados e de outros itens que se tornaram relevantes ao processo de triagem (ao menos é um pensamento comum). Por outro lado, os custos aumentaram significativamente e até uma profissão foi criada: o especialista em currículo, transformando esse documento em algo gourmet, gerando a suposta necessidade de técnicas avançadas e pessoas experientes nessa atividade para desenvolvê-lo. Os mais variados anúncios disponíveis não deixam dúvida de ser um negócio vantajoso, ao menos para o ofertante.

Figura 47: Ofertas de serviços de confecção de currículos – exemplo 1

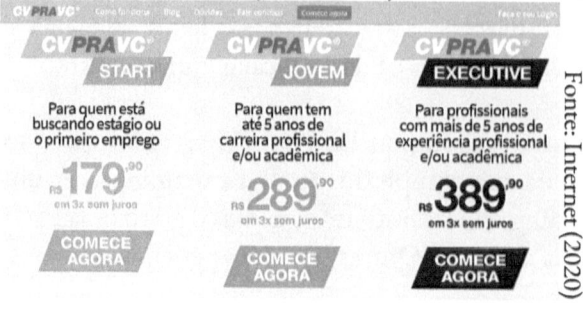

Fonte: Internet (2020)

Esse site, que se diz especializado no desenvolvimento de currículos, faz cobrança por tipo de perfil, uma prática comum em boa parte dos ofertantes pesquisados.

Olá pessoal,
Tenho recebido vários pedidos de revisão de currículo no meu particular. Resolvi então fazer um combo para quem tiver interesse nos seguintes serviços.
- Revisão de currículos
- Revisão de LinkedIn
- Simulação de entrevista

Valor social $

OBS: Quem não for meu contato, pode me adicionar para entrarmos em conexão.

Quem tiver interesse, pode me mandar um "Eu quero" nos comentários.
Um grande abraço para todos.

Figura 48: Ofertas de serviços de confecção de currículos – exemplo 2 Fonte: LinkedIn (2020)

Nesse exemplo, o denominado especialista afirma ter capacitação para auxiliar as pessoas na confecção do currículo e o custo para essa contribuição é "social". Observe que a pessoa, supostamente, recebe mensagens pedindo revisão, a credenciando para, inclusive, simular entrevista de emprego. Em nenhum momento apresenta a qualificação para esse serviço, causando certa desconfiança. Em sua rede social profissional, destaca a formação em master coach (3 meses de duração) e diz atuar em recrutamento e seleção.

Apesar da falta de dados para comprovação da capacitação para desenvolver tais atividades, o engajamento alcançado ultrapassava mais de 300 comentários, muitos deles solicitando a tal ajuda, nenhum solicitando as credenciais, talvez pela necessidade de recolocação imediata. Esse tipo de abordagem parece ser muito comum nas redes sociais, pois, em outra publicação, a empresa que se autodenomina especialista em currículo, apresenta os seus supostos resultados.

Figura 49: Ofertas de serviços de confecção de currículos – exemplo 3

#rrh #recolocaçãoprofissional #carreiras #curriculogeradordeentrevistas

See translation

MAIS UM RECOLOCADO

Exemplo
Para: RRH   Cc: Fabio   13:20
                                Detalhes   FC

Olá novamente Raquel,

Gostaria de compartilhar que fui recolocado! Na segunda entrevista, após encaminhar o novo currículo e ter compartilhado o perfil do LinkedIn, me chamaram e gostaram muito de mim.

Exemplo

Fonte: LinkedIn (2020)

> Um currículo bem estruturado é uma potencial ferramenta para chamar a atenção de um recrutador. (...)
>
> Quer informações sobre nossa assessoria e sobre o currículo gerador de entrevistas?

Nessa abordagem, a profissional oferece seus serviços e destaca o "currículo gerador de entrevista", não detalhando o modelo, mas apresentando um suposto caso de sucesso. Assim como esse exemplo, a empresa, por meio da suposta especialista, destaca a recolocação de outros profissionais em suas publicações. Em uma dessas publicações, os serviços oferecidos citam assessoria curricular, ajuste de perfil LinkedIn e em sites de emprego dentre outras atividades.

Na rede social profissional, não foi encontrado indivíduo ou empresa que oferte o serviço de confecção de currículos e apresente o preço praticado, apesar desse tipo de informação sempre ser solicitada após conversas iniciais. Entretanto, em uma busca rápida para captação de sites e afins, é possível encontrar diversas empresas ou profissionais que ofertam os serviços com os preços destacados. Por exemplo, o exemplo 1 apresentado anteriormente destacando as ofertas de serviços de confecção de currículos. Outros foram selecionados.

Figura 50: Ofertas de serviços de confecção de currículos – exemplo 4

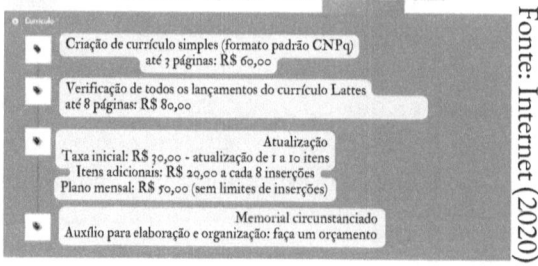

Fonte: Internet (2020)

No exemplo, a empresa oferta serviços baseados em atualização de dados, incluindo a opção de plano mensal. Apresenta ainda confecção de currículo na plataforma Lattes e "verificação geral de todos os lançamentos do currículo".

Por outro lado, em linha de negócio diferente, algumas empresas oferecem o arquivo para preenchimento de dados.

Figura 51: Ofertas de serviços de confecção de currículos – exemplo 5

Curriculum Vitae - Personalizado. Profissional 06 Modelos.

R$ 10

2x R$ 5 sem juros
Frete grátis
Uibss

Modelos De Currículos Profissionais Currículo Envio Pronto

R$ 13

2x R$ 6⁵⁰ sem juros
Frete grátis

20 Modelos De Currículos Profissionais Editável Em Word/psd

R$ 19⁹⁹

2x R$ 6⁶⁶ sem juros
Ceará

Fonte: MercadoLivre.com (2020)

Nessa abordagem, dezenas de ofertantes têm como proposta a comercialização de *templates* de currículos ora disponíveis em ferramentas de edição de texto e/ou desenvolvidos pelo próprio vendedor. Independentemente do serviço ofertado, a confecção de currículos e afins passa por uma variação de preço considerável.

Tabela 22: Resumo das ofertas de confecção de currículo

Anunciante	Preço (R$)	Serviço ofertado	Fonte de pesquisa
Exemplo 1	179,90 - 389,90	Confecção	Busca pela internet
Exemplo 2	Não informado	Revisão de currículo e simulação de entrevista	LinkedIn
Exemplo 3	420 - 1950	Assessoria curricular em plataformas diversas	LinkedIn
Exemplo 4	50 - 80	Confecção (Lattes)	LinkedIn
Exemplo 5	10 - 19	Venda de *templates*	MercadoLivre.com
Exemplo 6	~300	Confecção	Site especializado

O Exemplo 6, ainda não destacado, trata de uma das plataformas mais famosas no segmento site de empregos, com a precificação baseada no preço médio dos serviços ofertados.

Nas propostas apresentadas, apenas o Exemplo 2 não deu retorno sobre os valores cobrados. Com os demais, a variação de preço chega aos incríveis 19.500%. Se desconsiderarmos os anunciantes da plataforma de *market place* por ofertarem *templates* (Exemplo 5), a variação ainda fica em 3.900%. Em uma análise ainda mais aprofundada para manter a comparação entre serviços similares, desconsiderando o Exemplo 4 pela especificidade da proposta, ainda assim, a variação está em torno de 1.084%.

Assim, não importa qual análise é utilizada, a variação mínima em mais de 1.000% ainda apresenta a dura realidade ao profissional que busca por esse tipo de serviço sem qualquer garantia de efetividade. Por isso, com tantos ofertantes, algumas dúvidas surgem:

- O serviço mais caro pode ser considerado o de melhor qualidade?
- O que medir para avaliar a melhor opção?

Essas dúvidas não parecem ter resposta clara, pois, todos os autodenominados especialistas afirmam que os serviços ofertados geram resultados. Será?
Para tentar entender melhor esse trabalho, em um dos contatos realizados, o Exemplo 3 respondeu sobre o funcionamento da prestação de serviço.

> Nossa assessoria consiste em melhorar seu perfil no LinkedIn, currículo em arquivo ou fazer a divulgação do seu perfil dentro da rede LinkedIn da (...) para ganhar visibilidade e efetividade nas entrevistas, aumentando seu número de convites para entrevistas e processos, pois hoje os recrutadores estão buscando os profissionais dentro do LinkedIn, sem anunciar vagas.
> Na revisão do currículo e LinkedIn, serão destacadas suas qualidades profissionais, "palavras chaves", deixando um currículo mais claro, objetivo, mais competitivo, elaborado por uma especialista que além de recrutadora, contratante, também é uma profissional de marketing, e sabe exatamente o que destacar para chamar a atenção dos recrutadores.
> Todo trabalho é desenvolvido online (por troca de e-mail), sem a necessidade de contato por telefone, caso queira e necessite de orientações, ou esclarecimentos de dúvidas, contrate junto ao seu pacote uma sessão de coaching (EXEMPLO 3, março de 2020, contato via aplicativo de mensagem).

Na mensagem enviada pela especialista, ela enumera diversos pacotes para contratação de seus serviços. Nesses pacotes, pode ter incluso, além da confecção do currículo, carta de apresentação e conversa com a profissional por telefone ou aplicativo.

Idêntica à especialista citada, todos os outros ofertantes têm a mesma linha de conduta, não há qualquer garantia de efetividade no processo, valendo-se de supostas experiências e conhecimento sobre "o que os recrutadores procuram". O que eles procuram?

Na prática, os recrutadores buscam perfis que se enquadram naquilo que estabeleceram como adequado às vagas em aberto. Somente isso!
Então, o que esses supostos especialistas estão fazendo não é ilegal, pois aceita-se pagar pelo serviço, mas é imoral ao obter vantagem no momento de fragilidade do profissional em busca de emprego. Obviamente, não é possível generalizar quanto aos métodos aplicados, mas é possível perceber que o ganho financeiro está além de qualquer contribuição ao comprador do serviço.

Como complementação, para todos os ofertantes, foi solicitada comprovação dos serviços prestados, com garantia da efetividade. Esse contato foi realizado por meios diversos, seja e-mail, mensagem em site ou aplicativo de mensagem. Nenhum dos vendedores conseguiu apresentar algo que pudesse ratificar a qualidade do serviço, alguns sequer responderam.

De qualquer maneira, ao retornar a discussão sobre o que os recrutadores procuram, ratifica-se que é preciso simplificar esse processo de confecção do currículo ao organizar os dados de tal maneira que facilite a transformação em informação relevante, descontinuando o que não agrega valor, ou seja, algo que não é importante para a tomada de decisão.

Por tudo isso, a necessidade de revisão do currículo e a sua aplicação em processos seletivos é motivada pelo desenvolvimento tecnológico, à mudança do comportamento do mercado e, principalmente, à adaptação ao mecanismos disponíveis para confecção e triagem de currículos.

Essa revisão pode proporcionar:

i. A redução de custo, ao determinar que o próprio profissional desenvolva o seu currículo, mesmo com habilidade básica sobre as tecnologias disponíveis.

ii. A flexibilidade, ao permitir que, por meio de modelo *self-service*, seja possível criar, atualizar e alterar o currículo sem qualquer complexidade aparente.

iii. A padronização, estruturando os dados necessários, independentemente do cargo e/ou função, de tal maneira que facilite a triagem.

iv. A facilidade no preenchimento dos dados e a sua veracidade.

Entretanto, precisamos pensar um pouco diferente em relação à importância do currículo. Para isso, responda: Um currículo deve servir apenas para a apresentação de dados em um possível processo de recrutamento e seleção, promoção e afins?

A resposta deve ser não!

O currículo, ora desenvolvido, é um campo amplo de dados, demonstrando o momento atual do profissional, sem deixar de mencionar o passado e o futuro. Essa combinação permite que a informação gerada desencadeie uma série de possibilidades ainda não exploradas totalmente pelas empresas e, principalmente, pelo próprio profissional.

Ao perceber que, ao longo do tempo, a análise do currículo apequenou-se aos 30 segundos sugeridos por supostos especialistas e restrito ao processo de triagem no recrutamento e seleção, estamos abdicando da análise e avaliação de carreira que tornaria possível:

- Reduzir a disparidade entre a vaga disponível e o profissional ideal;
- Efetivar análise constante do planejamento e execução de carreira; e
- Permitir, independentemente do fim, ter visão clara do ciclo da carreira e as suas conquistas.

Na prática, precisamos ir além dos processos de recrutamento e seleção e tornar o currículo algo contínuo (atualização independe da empregabilidade), indeterminado (em transição constante) e universal (para todos de maneira padronizada), algo como um diário em constante atualização e adaptações. Para isso, vamos utilizar as dimensões propostas no Currículo Inclusivo e transformá-las em indicadores de desempenho, capazes de gerar o score do profissional e, também, direcionar as metas, objetivos e ações diversas.

Tabela 23: Análise de carreira - dimensão Escolaridade

Impacto na carreira	Pontuação geral	Relevância geral	Relevância na carreira	
Escolaridade	28,35	29,0%	100,0%	Parte 1
Item	**Pontuação do item**	**Relevância na dimensão**	**Plano do item**	
Graduação	0,500	2,4%	100,0%	
Pós-graduação MBA	2,000	9,5%	100,0%	Parte 2
Mestrado	4,500	21,4%	100,0%	
Doutorado	9,000	42,9%	100,0%	
Pós-Doutorado	5,000	23,8%	100,0%	

Nessa primeira dimensão, a **Escolaridade**, o profissional alcançou todos os itens em sua totalidade, atingindo 100,0%. Para garantir maior clareza, cada parte está descrita a seguir, começando pela Parte 1:

- Pontuação geral: é a pontuação da dimensão. O cálculo, já detalhado neste Livro, é:

$$\text{pontuação do item * variação do item (Vn) para cada}$$
$$\text{escolaridade * variável da dimensão (Vd)}$$

ou

$$rDEsc = ((1,000 * 0,500) + (2,000 * 1,000) + (3,000 * 1,500) + (4,500 * 2,000) + (5,000 * 1,000)) * 1,35 = 28,35$$

- Relevância geral: é a representatividade da dimensão em relação às demais. Sabemos que, no modelo standard, a dimensão Escolaridade é a mais relevante, logo, tem o maior impacto. O cálculo é:

$$\text{pontuação geral da dimensão / soma das pontuações gerais}$$
$$\text{de todas as dimensões}$$

O resultado gerado (29,0%) demonstra que, uma vez concluído todos os itens da dimensão, o profissional alcançou mais de ¼ da sua trajetória profissional. Entretanto, é preciso ressaltar que nem sempre os influenciadores pretendem cursar mestrado, doutorado e pós-doutorado, então, nessas situações, o cálculo deve ser restrito ao planejamento estabelecido. Por exemplo, se o indivíduo tem até a pós-graduação como plano de estudo, ao alcançá-la e concluí-la, ele atinge os mesmos 29,0%, dependendo das demais dimensões.

- Relevância na carreira: é a situação dos itens na dimensão. Em Escolaridade, significa que cada degrau alcançado precisa ser relativizado, mesmo que seja algo contra a vontade do profissional. Apresentado na explicação da dimensão, é a mesma base para cálculo.

Situação	G	PG	M	D	PD
Concluído	1,000	2,000	3,000	4,500	5,000
Cursando	0,500	1,000	1,500	2,250	2,500
Paralisado	0,350	0,500	1,000	1,750	2,000
N/D	0,250				
Sem interesse	0,100				

Escolaridade	G	PG	M	D	PD	Variável (Vd)
Vn	0,500	1,000	1,500	2,000	1,000	6,000

Assim, o cálculo é:

Graduação = situação * variação do item na dimensão
ou, se concluída,
$$1 * 0,500 = 0,500$$

Após fazer esse mesmo raciocínio para todas as titulações, o cálculo é:
somatória de todas as formações / somatória de máximos previstos

Como essa dimensão possui características distintas das demais, o seu cálculo precisa de interpretação quanto à aplicação, pois, deixar de alcançar um título, dependendo do planejamento, não afeta linearmente o resultado. Por exemplo, se o profissional pretende conquistar as cinco formações, mas está com o doutorado paralisado e, consequentemente, o pós-doutorado N/D (não disponível), o seu alcance está em 51,19% e não em supostos 60% (conclusão de 3 formações de 5 possíveis).

Na Parte 2, em que se considera o item de maneira individual, o raciocínio é similar.

- Pontuação do item: É o mesmo raciocínio apresentado, agora só do item:
  Graduação = situação * variação do item na dimensão
  ou, se concluída,
  $$1 * 0,500 = 0,500$$
- Relevância na dimensão: É a representatividade do item (pontuação alcançada) em relação aos demais itens de uma mesma dimensão. Nesse caso, quanto maior a representatividade (%), mais relevante é o item na dimensão, entretanto, mais reflete a deficiência dos demais itens.

- <u>Plano do item</u>: É o raciocínio apresentado em relevância na carreira, agora apenas do item e com o alcance relativo.

Graduação = (situação * variação do item na dimensão) / máximo previsto

ou, se concluída,

(1 * 0,500) / 0,500 = 100,0%

A segunda dimensão é a **Experiência Profissional**, em que as metas estabelecidas passam pela ambição do indivíduo (tempo, cargo etc.) em uma MPE, média ou grande empresa. Da mesma maneira, a quantidade de cursos, bem como os idiomas aprendidos, passam por essa perspectiva.

Impacto na carreira	Pontuação geral	Relevância geral	Relevância na carreira
Experiência Profissional	36,96	37,9	48,3%

Item	Pontuação do item	Relevância na dimensão	Plano do item
Atuação em MPE (anos)	0,000	0,0%	0,0%
Atuação em ME (anos)	6,000	17,9%	33,3%
Atuação em GE (anos)	22,500	67,0%	60,0%
Idiomas	1,600	4,8%	40,0%
Cursos extras	3,500	10,4%	35,0%

O raciocínio utilizado na Parte 1 foi explicado na dimensão anterior, então, nesse momento, basta sabermos os resultados gerados e tentar interpretá-los para a devida análise da carreira. Assim, o profissional, alcançou quase 37 pontos (pontuação geral), assim compreendidos:

- 5 anos atuando em média empresa e 15 anos em grande empresa;
- 7 cursos extras realizados
- 2 idiomas

A relevância geral alcançou mais de 37%, tornando o maior resultado entre todas as dimensões, seja pelo peso que essa dimensão representa no modelo standard, seja por uma característica básica da dimensão anterior: a pontuação geral da Escolaridade tem um limite, 28,35, ora atingido pelo profissional, causando impacto na relevância geral, mas que vai perdendo força conforme as demais dimensões aumentam a pontuação geral.

Em relevância na carreira, o profissional está chegando à metade do seu objetivo, com alguns resultados analisáveis observando o plano do item. O maior alcance está em atuar em grande empresa (60%), mas o trabalho em micro e pequena empresa ainda não aconteceu, reduzindo o resultado. De maneira geral, se criarmos relação entre idade e tempo de trabalho, é possível fazer uma interpretação desses dados. Para isso, considere que o profissional começou a sua carreira aos 16 anos.

- Atuante no mercado há 20 anos, desconsiderando possíveis interrupções, ele têm 36 anos atualmente;
- A média de atingimento do objetivo nos itens dessa dimensão está em torno de 33%;
- Então, esse indivíduo precisaria de mais 20 anos, nesse mesmo ritmo, para chegar próximo aos 70% do objetivo alcançado. Ele teria 56 anos.
- Após atingir o percentual citado e considerando a atuação profissional até 65 anos, são 9 anos e possíveis 15%, totalizando algo em torno de 85% do objetivo alcançado.

Pode até parecer frustrante para alguns, mas atingir 85% dos objetivos de carreira é um resultado expressivo, principalmente se houve exigência pessoal e planejamento de execução, com sucessos e insucessos comuns durante a trajetória. Por isso, é possível, para essa e qualquer dimensão, criar parâmetros que servem para cobrar, desafiar e, também, celebrar conquistas. Assim, como sugestão, considere:

- Até 35% do objetivo alcançado: frustrante
- Entre 36% e 50%: indiferente
- Entre 51% e 60%: baixa exigência
- Entre 61% e 75%: desafiador
- Entre 76% e 90%: excelente
- Acima de 90%: referência de carreira

Todavia, no exemplo citado, o profissional pode ter o seu objetivo mais próximo de ser alcançado com a boa gestão da carreira. Em seus desafios, foram considerados 5 anos em MPE, 20 cursos extras, 5 idiomas, além de 15 anos em média empresa e outros 20 anos em grande empresa. Se pensarmos que a atuação em MPE, os idiomas e os cursos extras podem ser flexibilizados, o resultado apresenta uma considerável melhora. Ao sugerir reduzir pela metade cada um desses três itens (10 cursos, 3 idiomas e 2 anos em MPE), o objetivo atinge 48,3%.

A dimensão **Experiência Empreendedora** apresenta características diferentes dos demais, principalmente em relação à experiência profissional, por mais que sejam, conceitualmente, similares. Isso acontece porque essa dimensão não depende apenas do profissional, envolve o crescimento de mercado e, para isso, vários fatores são determinantes, tais como, investimento no produto, serviço, marca, além do engajamento em redes sociais e afins. Por essas razões, a valoração na MPE costuma ser bem mais representativo do que em ME e GE.

Impacto na carreira	Pontuação geral	Relevância geral	Relevância na carreira
Experiência Empreendedora	13,80	14,1%	63,5%

Item	Pontuação do item	Relevância na dimensão	Plano do item
Atuação em MPE (anos)	12,000	100,0%	125,0%
Atuação em ME (anos)	0,000	0,0%	0,0%
Atuação em GE (anos)	0,000	0,0%	0,0%

Observe que o profissional atingiu mais de 100% com a sua MPE, mas ainda não obteve sucesso transformando-a em média ou grande empresa, não invalidando o resultado apresentado, muito pelo contrário, são 10 anos empreendendo.

As duas próximas dimensões são, de maneira geral, caracterizadas, principalmente, pelo esforço do profissional, alcançando resultados cada vez maiores em acordo com a sua determinação. É sempre importante destacar que, nessas dimensões, não se busca o resultado sob o ponto de vista de retorno financeiro, alcance etc. e sim a realização (implementação) dos itens.

Entretanto, apesar de não ser considerado nesse momento da análise de carreira, avaliar os resultados por meio das conquistas pós-implementação torna-se muito mais valioso que o retorno financeiro e afins, trata-se de ser algo motivacional para que o influenciador seja ainda mais recorrente nesses tipos de ação. Por exemplo, um livro lançado com receptividade acima do esperado, torna a possibilidade de surgirem outros livros ainda mais provável, logo, o objetivo pode ser redimensionado.

Na dimensão **Autenticidade Virtual**, envolvendo artigos, livros etc., tornar o item viral é, sem dúvida, uma maneira de motivar novos trabalhos.

Impacto na carreira	Pontuação geral	Relevância geral	Relevância na carreira
Autenticidade Virtual	10,00	10,2%	80,6%
Item	**Pontuação do item**	**Relevância na dimensão**	**Plano do item**
Folhetos	0,400	4,0%	20,0%
Materiais conteudistas	5,600	56,0%	175,0%
Artigos	3,000	30,0%	62,5%
Blogs e podcasts	0,000	0,0%	0,0%
Livros	1,000	10,0%	50,0%

Nessa dimensão, o profissional já alcançou mais de 80% do seu objetivo, demonstrando esforço em relação aos itens, apesar da grande contribuição de um deles, o material conteudista. Sem esse item, o objetivo estaria próximo da metade do apresentado.

A próxima dimensão, **TIN** (tecnologia, inovação e negócios), também sugere que o esforço do indivíduo é recompensado com o aumento da pontuação e, consequentemente, com o alcance do objetivo traçado, entretanto, apesar da similaridade com a dimensão anterior, é preciso identificar características dos itens que a compõe.

Os aplicativos e afins dizem respeitos à criação e desenvolvimento de soluções tecnológicas, nem sempre realizadas pelo próprio profissional, retardando a implementação (e a pontuação) pela falta de recursos (mão de obra, financeiro etc.). A inovação e empreendedorismo diz sobre as ideias e/ou implementações realizadas (lembre-se que a dimensão Experiência Empreendedora diz sobre o tempo de gestão do negócio), assim como acontece no empreendedorismo corporativo, com a diferença de um tratar do próprio negócio e outro direcionar à atuação como funcionário.

As práticas ESG dizem da atuação, liderando ou não, em ações das mais variadas e os projetos seguem a mesma perspectiva. Apesar da separação, uma prática ESG pode ser caracterizada como projeto, mas não necessariamente, o projeto pode ser uma prática ESG, dependendo do contexto envolvido.

Por tudo isso, a pontuação e objetivos alcançados dependem de fatores externos, muitas vezes não controláveis, apesar de causarem menos impacto do que o interesse do influenciador.

Impacto na carreira	Pontuação geral	Relevância geral	Relevância na carreira
TIN	5,99	6,1%	73,0%
Item	**Pontuação do item**	**Relevância na dimensão**	**Plano do item**
Aplicativos e afins	1,800	27,0%	75,0%
Inovação e empreendedorismo	0,450	6,8%	50,0%
Empreendedorismo corporativo	1,800	27,0%	100,0%
Práticas ESG	0,600	3,0%	20,0%
Projetos	2,400	36,1%	80,0%

Essa dimensão apresenta, dentre todas, uma das mais representativas em cumprimento do plano do item, alcançando, na média, 65% do objetivo traçado no item. Apesar desse bom resultado, as práticas ESG, pela importância e representatividade, precisam ser mais exploradas. A atuação em mais duas práticas ESG significaria crescer quase 5% na busca do objetivo.

A última dimensão, **Relacionamento Virtual**, representa o engajamento, direto ou indireto, nas mais variadas redes sociais.

Impacto na carreira	Pontuação geral	Relevância geral	Relevância na carreira
Relacionamento Virtual	2,50	2,6%	1,1%
Item	**Pontuação do item**	**Relevância na dimensão**	
Seguidores	2,500	1,1%	

Nessa dimensão, apenas a quantidade de seguidores diz respeito à pontuação gerada e, consequentemente, ao objetivo alcançado. O engajamento citado como direto ou indireto, causa certa dúvida quanto ao conceito, mas é facilmente interpretável: considere que o direto é aquele realizado por meio do crescimento de seguidores de maneira consistente e real, sem possíveis compras de usuários, algo ainda amplamente realizado por muitos influenciadores. Obviamente, o engajamento indireto é caracterizado pelo contrário, com a compra de seguidores, algo ainda difícil de ser monitorado.

Por ser recomendável, mas não obrigatório, principalmente pela falta de tempo e complexidade, a definição de engajamento direto ou indireto passa pelas impressões (resultados gerados pela publicação). Assim, caso seja necessário e importante ao contratante, é possível sugerir verificar:

- Taxa de engajamento: O influenciador com grande quantidade de seguidores, mas poucos comentários, curtidas ou interações, direciona à compra de seguidores. Como parâmetro, estabeleça que, se a conta é grande (acima de 100 mil seguidores), o engajamento fica em torno de 3%, enquanto contas menores esse indicador alcança por volta de 10%.

- Comentários irrelevantes: Se boa parte dos comentários direcionarem à palavra única (boa, legal etc.) ou emojis repetitivos, os *bots* podem ser parte da publicação.

- Crescimento acentuado: Utilize ferramentas disponíveis para analisar a evolução da conta, definindo que picos abruptos, sem explicação, indicam compra de seguidores.

- Dados aleatórios: Apesar de ser mais complexo, verificar fotos de perfil, nome de usuário e pouca atividade, pode representar contas falsas.

- Analisar para decidir: Entender se a conta faz parte de engajamento direto ou indireto é fundamental no momento da contratação, pois, supondo que o indivíduo tenha muitos seguidores (um dos motivos que foi selecionado), mas contas falsas, as possíveis ações de endomarketing tornam-se inócuas e, assim, a contratação duvidosa. Para evitar esse resultado, existem ferramentas para verificar a audiência, fornecendo *insights* sobre localização, idade etc.

Essas recomendações servem para a contratação do profissional e, consequentemente, para possíveis parcerias na divulgação do produto ou serviço, valendo-se do conceito: não é a quantidade de seguidores que realmente importa e sim o engajamento direto que o indivíduo consegue proporcionar à publicação. Lembre-se: se o profissional manipula as redes sociais, ele pode manipular outras situações na empresa.

Agora, com todas as dimensões devidamente direcionadas à análise de carreira, podemos ter visão mais ampla individualizando cada uma delas ou, como deve ser, considerando os aspectos envolvidos para entendermos os próximos passos, o que realmente ainda agrega valor no planejamento ora definido e, claro, o que precisa ser revisto, adaptado e até excluído. Na gestão de carreira, sugere-se que tais ações sejam, no máximo, realizadas anualmente.

Gráfico 5: Impacto na carreira (em %)

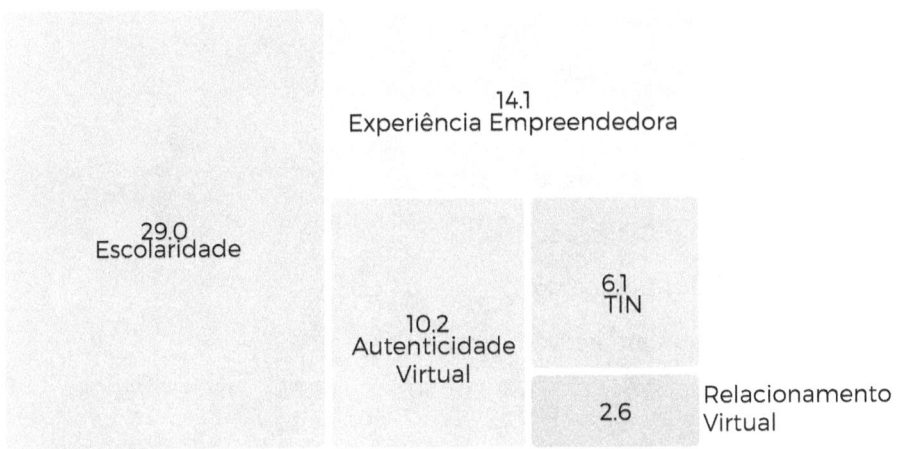

No exemplo apresentado, ao ter visão generalizada da sua carreira, o profissional pode perceber que a experiência profissional é bastante representativa, mas não alcança metade do contexto envolvido, permitindo concluir que todas as dimensões são fundamentais, independentemente da pontuação atribuída.

Sem dúvida, considerando que o modelo Currículo Inclusivo, base da análise de carreira, tem a opção de ser híbrido, variando a relevância da dimensão conforme a necessidade da empresa e do cargo, o ideal ao profissional é a diversificação das suas ações por meio das práticas dos itens constantes nas demais dimensões, tornando-se mais receptível ao interesse do recrutador.

Por outro lado, a diversificação contribui para o profissional ir além dos anos de experiência ou escolaridade, é a adaptação aos requisitos cada vez mais exigidos pelas empresas, desde a participação em projetos, das práticas ESG e, obviamente, da inovação e, principalmente, do empreendedorismo corporativo, vantagens competitivas para quem sabe disseminar as realizações.

Além dessa visão geral da relevância de cada dimensão, é possível buscar, por meio dos dados gerados, outras análises importantes na gestão da carreira. Por exemplo, a relação de itens de todas as dimensões e o alcance até o momento, estabelecendo, se necessário, metas para atingimento.

Gráfico 6: Análise dos itens - objetivos finalizados e não finalizados

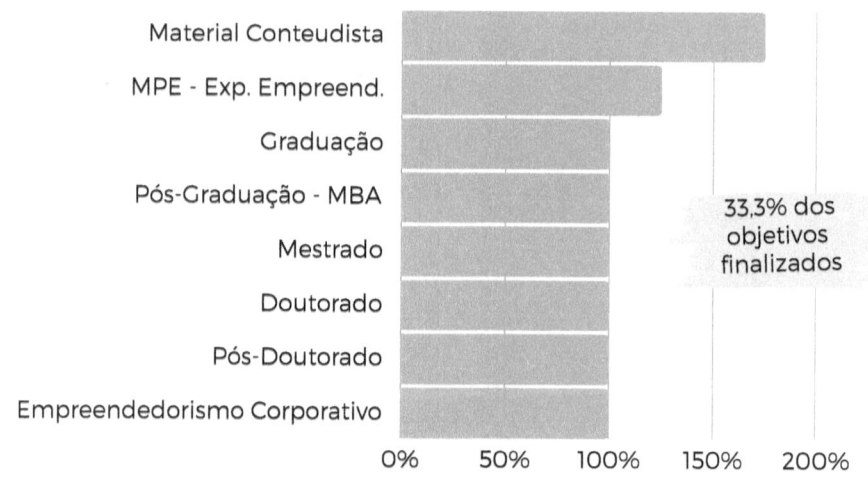

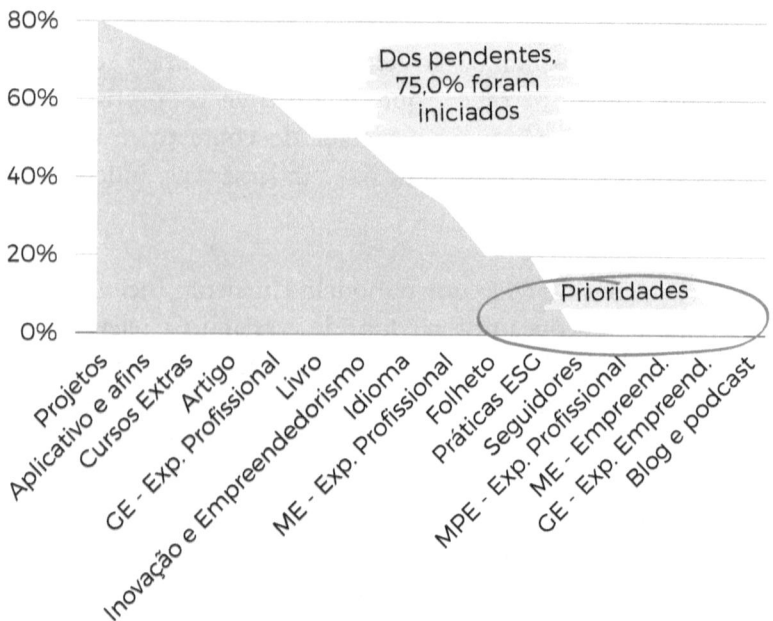

Nessa sugestão de análise, os itens ainda não iniciados ou que atingiram até 20% do objetivo, são destacados como prioridade, direcionando o profissional ao que deve ser realizado no próximo período de atividades profissionais (por exemplo, ano seguinte).

Entretanto, nem sempre esse método de análise pode ser utilizado, pois, alguns itens sequer são conquistáveis, seja pela indisponibilidade de alcance no período (experiência profissional e empreendedora), seja por quaisquer outros motivos percebidos pelo influenciador. Nesse contexto, pode se adotar a prática dos demais itens viáveis ou ainda adiantar/finalizar àqueles com mais de 70% de execução.

4.5.3 O valor agregado do Currículo Inclusivo à sociedade

Um recrutador pode ser definido como a pessoa ou empresa que, a partir de dados disponíveis ou disponibilizados dos profissionais ou empresas, doravante candidatos, identifica os perfis mais adequados ao seu interesse e toma a decisão de contratação após o processo seletivo.

No ambiente empresarial, esse conceito é bastante difundido, com as áreas de Recursos Humanos fazendo os processos de triagem de currículos, recrutamento e seleção de profissionais. Em outros casos, geralmente para prazo determinado, empresas e pessoas contratam profissionais (freelancer ou empresa) para determinada atividade.

Todavia, em tantas outras atividades, simplesmente inexiste algo mínimo para a escolha do indivíduo, valendo-se como premissa, em tempos de redes sociais, quem mais tem engajamento, mesmo gerado por vias duvidosas. É aparecer, sem se importar como...

Então, com essa prerrogativa, surgem pessoas de diversos perfis, comportamentos, interesses etc., com a clara tentativa, em boa parte dos casos, em ter benefício próprio e, se possível, acompanhado de retorno financeiro significativo. Não à toa, frequentemente, é possível ver episódios de indivíduos autogravando a sua indignação contra político, jogador de futebol e quaisquer outras supostas celebridades, com o objetivo de atrair a atenção, gerar confusão ou outra ação que possa viralizar. As pessoas perceberam que, no presencial e, principalmente, em rede social, confusões causam mais comoção do que conversas civilizadas. Assim, pensam: mãos à obra!

Com o tempo e a possibilidade de ostracismo, nos últimos anos, percebeu-se a oportunidade de ingresso na vida pública por meio de cargos públicos eletivos, tornando, essa prática, até de certa maneira, recorrente para boa parte dessas pessoas. Alguns alcançaram sucesso nessa empreitada, outros nem tanto.

Os supostos influenciadores se juntaram aos interesseiros e interessados em cargo público e, assim, formaram esse grupo de candidatos que, em boa parte das vezes, sequer tem preparo para exercer a função, mas, pela força das redes sociais, diz estar apto e a maioria acredita. Para você ter ideia de quão complexa é essa situação, em uma das maiores cidades do Brasil, mais de 60% dos vereadores eleitos não têm sequer o ensino médio completo, não fizeram qualquer curso para aprimoramento ou conhecem algo sobre gestão, refletindo significativamente na qualidade do trabalho na câmara municipal.

Mas, o que podemos fazer para resolver essa situação?
Primeiro, admitir que precisamos mudar a relação cargo eletivo e candidatos, saindo do desconhecimento parcial ou total sobre o indivíduo para a tomada de decisão (voto) baseada em dados e informação. Depois, compreender que, assim como a triagem de currículos é importante para uma empresa na busca do profissional ideal, a triagem de currículos para cargos eletivos públicos também é tão ou mais relevante quando analisamos sob o ponto de vista da sociedade em geral. Por fim, criar um método de apresentação e análise de currículo para esse fim, sem viés, mas definindo o que é relevante e o que não é para o representante do povo.

De certa maneira, não é novidade essa abordagem, existem algumas propostas de avaliação de políticos, mas não foram encontrados detalhamentos amplos sobre esses estudos, ratificando certa carência ao processo. Há, em outro contexto, a avaliação de políticos eleitos, apresentando uma série de critérios para a pontuação dessas pessoas. Nesses casos, são avaliados os seguintes itens[1]: presença nas sessões, privilégios, processos judiciais, qualidade legislativa, formação, filiação partidária e extras. A proposta dos organizadores dessa plataforma é avaliar, após o indivíduo eleito, se a sua contratação (votos recebidos) foi acertada em acordo com os critérios pré-estabelecidos.

[1] Disponível em https://www.politicos.org.br/criterios. Acesso em 01/02/2020.

Entretanto, se a empresa pode errar na contratação, em ambiente político esse fator também acontece, talvez em maior escala pelo desconhecimento de informações sobre o candidato e, principalmente, porque não analisamos por meio de triagem, como deveria ser, as pessoas interessadas em cargo público eletivo. E, quando há análise, conforme o exemplo da plataforma citada, é realizada pós-eleição, com o candidato eleito. Um absurdo que precisa ser corrigido o mais rápido possível!

Por esse contexto, percebe-se, mais uma vez, uma lacuna no mercado, pois, avaliar o indivíduo apenas depois de eleito parece não ser o mais adequado, principalmente porque, obviamente, a capacitação do profissional para qualquer função deve ser avaliada antes da sua contratação (eleição). Em cargos públicos eletivos, essa perspectiva parece não ser importante, por mais que devesse.

Todavia, mudar a maneira de escolha de um candidato para os mais variados cargos políticos, não é uma tarefa tão simples em tempos de alta polarização mundial, em que pessoas que se dizem de direita não mudam a sua maneira de pensar mesmo com certezas apresentadas, o mesmo acontecendo com os esquerdistas. Em ambas situações, são pessoas do chamado extremismo, defensores de políticos e de pessoas dos mais variados e discutíveis princípios que, ao perceberem tal fanatismo, aproveitam essa vulnerabilidade para angariar voto e tantas outras ações.

Na prática, espera-se que, por mais que o currículo do candidato a cargo eletivo público, tais como, vereadores e deputados, por exemplo, esteja disponível, definindo-o como incapacitado para assumir determinada função ou, ainda, ter menos qualificação do que outros candidatos, a polarização não permitiria fazer com que o eleitor mude o seu voto, condição muito menos provável se direcionado à própria ideologia. Apesar de muito difícil, é preciso corrigir essa deficiência rapidamente e quebrar esse paradigma.

Como a perspectiva de contratação é similar, na busca constante do profissional (político) ideal, o Currículo Inclusivo sugere o mesmo método de avaliação dos profissionais ora apresentado, com as devidas adaptações necessárias ao cargo pretendido, gerando um perfil e pontuação de cada candidato interessado em ingressar/permanecer no segmento político, disponível para acesso a qualquer momento pelo eleitor ou interessado.

Tabela 24: Currículo Inclusivo – Pontuação para cargos públicos eletivos

Contribuição à Sociedade	EPA	EPI	Envolvimento em ações sociais	Participação em comissões	Atividades de apoio à população	Variável (Vd)
Vn	0,800	1,800	1,300	0,800	1,300	6,000
Ref.: Qtde.	4	4	3	8	10	
Pontuação alcançada	44,48	EPA = emendas e projetos apresentados EPI = emendas e projetos implementados				

Experiência Empreendedora e Atuação Pública	MPE	ME	GE	Atuação em empresa pública (1)	Cargo público eletivo	Variável (Vd)
Vn	0,800	0,900	1,000	0,900	1,400	5,000
Ref.: Anos	2,0	0,0	0,0	4,0	0,0	
Pontuação alcançada	6,24	(1) atuando por indicação política				

Escolaridade	Graduação	Pós-Graduação	Mestrado	Doutorado e Pós-Doc	Gestão pública	Variável (Vd)
Vn	0,300	0,500	0,900	1,314	0,986	4,000
Ref.: Diploma e certificado	Concluída	Concluída	Cursando	N/D	SI	
Pontuação alcançada	5,52	N/D = não disponível SI = sem interesse				

Experiência Profissional	MPE	ME	GE	Idiomas	Cursos extras	Variável (Vd)
Vn	0,500	0,700	1,000	0,300	0,500	3,000
Ref.: Anos e qtde.	-	6,0	5,0	1	15	
Pontuação alcançada	12,75					

Autenticidade virtual	Folhetos	Materiais conteudistas	Artigos	Blogs e podcasts	Livros	Variável (Vd)
Vn	0,400	0,700	0,700	0,200	1,000	3,000
Ref.: Qtde.	-	6	5	1	1	
Pontuação alcançada	5,79					

Relacionamento virtual	Seguidores
Ref.: Qtde.	2.500.000
Pontuação alcançada	1,09

CIn = 26,55
Perfil IJ

Nesse novo modelo do Currículo Inclusivo, apresentado por meio de exemplo de um candidato a deputado estadual, logo, direcionado ao cargo público eletivo, alguns conceitos são diferentes do modelo standard profissional, mas a estrutura e a proposta seguem a mesma configuração.

A primeira mudança está na definição da dimensão primária e das dimensões secundárias, uma vez que a acessória se mantém inalterada. Para isso, a fórmula do Currículo Inclusivo fica assim:

$$CIn = \frac{\sqrt{2} * rDCos * \Sigma(rDEap + rDEsc + rDExp + rDAut)}{rDRev}.$$

Em que:
rDCos = Contribuição à Sociedade
rDEap = Experiência Empreendedora e Atuação Pública
rDEsc = Escolaridade
rDExp = Experiência Profissional
rDAut = Autenticidade Virtual
rDRev = Relacionamento Virtual

É importante entender a relevância das dimensões nessa configuração, destacando, pela ordem, a Contribuição à Sociedade e o Relacionamento Virtual como protagonistas desse modelo. A primeira é considerada vital para a apresentação do candidato em tempos de eleição, pois demonstra o seu engajamento junto à sociedade. A segunda, torna-se relevante em tempos de evolução tecnológica e sugere que os seguidores são potenciais eleitores votantes no candidato, logo, torna-se essencial a gestão e ampliação desse grupo.

Dimensão	Vd	Representatividade
Contribuição à Sociedade	1,32	22,0%
Experiência Empreendedora e Atuação pública	1,20	20,0%
Escolaridade	0,80	13,3%
Experiência profissional	0,75	12,5%
Autenticidade virtual	0,65	10,8%
Relacionamento virtual	1,28	21,3%

Assim como ocorre com o modelo standard direcionado aos profissionais em geral, esse modelo proposto também é híbrido, sendo alterado conforme a necessidade de cada situação (por exemplo, eleições distintas). De qualquer

maneira, a dimensão Contribuição à Sociedade passa a ser a mais relevante ao segmento, gerando novos propósitos aos candidatos na busca da aceitação pela população e, mais do que isso, à comprovação da atuação em benefício da comunidade.

A segunda mudança está condicionada aos estudos e a pontuação gerada por meio dos cursos relacionados.

Situação	G	PG	M	D ou PD	GP
Concluído	3,000	3,500	4,250	4,950	5,000
Cursando	1,500	1,750	2,150	2,500	2,500
Paralisado	1,000	1,250	1,750	2,000	2,000
N/D	0,250				
Sem interesse	0,100				

Observações:
1) G (Graduação); PG (Pós-Graduação MBA); M (Mestrado); D (Doutorado); PD (Pós-Doutorado) e GP (Gestão pública)
2) A pontuação varia conforme a situação do curso (concluído, cursando, paralisado, N/D e sem interesse). Ver tabela.

Nessa modelagem, a pontuação das formações está mais próxima para demonstrar a importância de tê-las, mas não determinante o suficiente para gerar diferenças significativas entre elas. Por outro lado, doutorado e pós-doutorado passam a ter o mesmo peso e inclui-se o curso em gestão pública, seja graduação ou pós-graduação, em instituição de ensino devidamente regulamentada, tornando-se vantagem competitiva quem busca esse tipo de aperfeiçoamento.

Outra mudança importante está relacionada às redes sociais e aos mais variados grupos de seguidores interessados em acompanhar virtualmente um ou mais candidatos, seja em período eleitoral ou não. Nesse caso, como a captação dessas pessoas ávidas por conteúdo gerado pelo(s) candidato(s) torna-se atividade recorrente e indispensável, a conversão da quantidade de seguidores em fator sofreu ampliação, exatamente para privilegiar quem consegue aumentar a sua audiência.

Entretanto, ressalta-se que o número de seguidores não significa, necessariamente, eleitores aptos a votar, pois depende do alcance do cargo

público pretendido. Por exemplo, candidatura a vereador tem alcance real apenas aos moradores da cidade com título de eleitor local.

De	Até	Fator	De	Até	Fator
0	4.999	6,00	5.000.000	5.999.999	0,70
5.000	49.999	5,00	6.000.000	6.999.999	0,65
50.000	99.999	4,00	7.000.000	7.999.999	0,60
100.000	299.999	3,00	8.000.000	8.999.999	0,55
300.000	499.999	2,00	9.000.000	9.999.999	0,50
500.000	999.999	1,00	10.000.000	19.999.999	0,45
1.000.000	1.999.999	0,90	20.000.000	29.999.999	0,40
2.000.000	2.999.999	0,85	30.000.000	39.999.999	0,30
3.000.000	3.999.999	0,80	40.000.000	49.999.999	0,30
4.000.000	4.999.999	0,75	50.000.000		0,10

Os intervalos menores quando comparados ao modelo standard profissional são motivados pela variedade de alcance das redes sociais e a sua efetividade, sob o ponto de vista político, em pessoas que tornam-se potenciais votantes, dependendo da opção da candidatura. Por outro lado, como uma dimensão acessória, quantos mais seguidores, menor o fator gerado, porém, maior a pontuação geral. Assim como o modelo profissional, temos uma resolução:

A pontuação gerada direciona ao tipo de perfil, destacado por meio de observações acerca dos indivíduos que fazem parte de cada grupo. Antes de conhecer cada perfil detalhadamente, é preciso conhecer os parâmetros que os definem.

Tabela 25: Definição de perfil – Currículo Inclusivo para cargos públicos eletivos

Descrição do político	De	Até	Perfil
Iniciante	0,00	10,00	IN
Aprendiz	10,01	20,00	AP
Coadjuvante	20,01	35,00	CO
Integrado	35,01	65,00	IG
Experimentado	65,01	90,00	EX
Catedrático	90,01	120,00	CA
Referência pública	120,01		RP

A melhor maneira de verificar a efetividade, é aplicando o método.

Para testar o modelo, foram selecionados 100 candidatos a cargos eletivos do último pleito e/ou políticos eleitos para análise dos resultados gerados. A pesquisa pretendia relacionar todos os dados para preenchimento do currículo, incluindo, quando necessário, notícias disponíveis na internet, site pessoal e dados de contato por meio de aplicativo de mensagens e/ou e-mail. Nem todos os indivíduos envolvidos retornaram o contato, não permitindo atribuir, em todos os currículos, a pontuação adequada.

De qualquer maneira, mesmo considerando possíveis distorções na análise, as diferenças percebidas ratificam a necessidade de manter o modelo híbrido, capaz de adaptar-se a esse segmento repleto de variações, dificuldade de validação da pontuação e, ao mesmo tempo, com a subjetividade inerente às ações necessárias.

Na prática, os dados coletados em algumas dimensões podem não alcançar o verdadeiro propósito do currículo, enaltecendo a pontuação super valorizada ou, em um cenário ainda mais complexo, não verdadeira. Isso acontece porque a dimensão mais relevante, a Contribuição à Sociedade, sugere ações subjetivas quanto à participação e atuação do indivíduo, além da caracterização da ação realizada. Por exemplo, o envolvimento em ação social com 10 crianças não pode ser menos importante ou menos impactante, sem considerar resultados gerados, do que a ação com 50 crianças. É, por isso, que estabelecemos valor (quantidade) às mais variadas ações que o indivíduo participa, mas não podemos estabelecer valor agregado (ganho efetivo do recebedor) às mesmas ações.

A caracterização desse item (envolvimento em ações sociais) passa pela mensuração por meio da atuação da pessoa, assim como acontece com os demais, entretanto, como não há parâmetros, dada a complexidade de estabelecer critérios, quaisquer atividades realizadas pelo indivíduo pode, por sua decisão, enquadrar-se em ação social e, assim, ser quantificada.

Diante desse contexto, um próximo passo para tornar o Currículo Inclusivo ainda mais apto para analisar os candidatos ao cargo eletivo, está na diversificação das práticas de auditoria, envolvendo entidades previamente cadastradas para validar as ações sociais realizadas pelo indivíduo, reduzindo a disparidade entre o participante efetivo e o aglomerador de ocasião.

Quadro 12: Características de perfil - Currículo Inclusivo para cargos públicos eletivos

Descrição	CIn	Perfil	Características/Observações ao selecionador
Iniciante	De 0 até 10,00	IN	Provável nenhuma ou pouca experiência em assuntos públicos que se apresentem como contribuição à sociedade. A experiência profissional vai estar atrelada à idade, o que pode representar diferença significativa quando comparados profissionais dentro do mesmo perfil. A escolaridade tende a ser diferencial ao profissional, pois, há tendência desse perfil ter baixa ou média formação. O número de seguidores pode ser baixo para o segmento, refletindo em um profissional que ainda NÃO é formador de opinião, sugerindo o tipo de influenciador incipiente.
Aprendiz	De 10,01 até 20,00	AP	É possível que se tenha alguma experiência em assuntos públicos que se apresentem como contribuição à sociedade, apesar da possível baixa experiência, incluindo a profissional, dependendo da idade. É possível que se tenha baixa/média escolaridade, contribuindo na realização de cursos, projetos e até idiomas. É provável NÃO formador de opinião, sugerindo o tipo de influenciador em crescimento.
Coadjuvante	De 20,01 até 35,00	CO	Provável experiência em assuntos públicos que se apresentem como contribuição à sociedade, além de experiência profissional envolvida ou não com cargos em empresas estatais. Possível escolaridade nível mínimo graduação e máximo pós-graduação – MBA. É provável que seja formador de opinião, tornando-o influenciador de impacto mediano em seu meio.
Integrado	De 35,01 até 65,00	IG	Provável experiência em empresas e/ou assuntos públicos em cargos de média liderança. Possível formador de opinião e formação escolar de nível médio/alto (Pós-Graduação – MBA e Mestrado). Provável participação em ações com retorno/visibilidade ao mercado/sociedade. Provável desenvolvimento de projetos e afins com viés social/político. É possível que seja o influenciador que direciona boa parte dos seus seguidores aos seus pontos de vista. Costuma manter base fiel de eleitores por ocasião.

Descrição	CIn	Perfil	Características/Observações ao selecionador
Experimentado	De 65,01 até 90,00	EX	Provável experiência em empresas e/ou assuntos públicos em cargos de média/alta liderança. Provável formador de opinião e possível formação de nível médio/alto (de Pós-Graduação – MBA até Doutorado). Provável participação com retorno/visibilidade ao mercado/sociedade. Provável desenvolvedor de projetos e afins com viés social/político. Provável alta relevância em redes sociais, com alto impacto e baixa/média repercussão. Costuma manter base fiel de aliados e eleitores recorrentes.
Catedrático	De 90,01 até 120,00	CA	Provável experiência em empresas e/ou assuntos públicos em cargos de liderança. Provável formador de opinião e possível formação de nível médio alto (de Pós-Graduação – MBA até Doutorado). Provável participação com retorno/visibilidade ao mercado/sociedade. Provável desenvolvedor de projetos e afins com viés social/político. Provável alta relevância em redes sociais, com alto impacto e alta repercussão. Costuma manter base fiel de aliados e eleitores permanentes e ingressantes por ocasião. Esse perfil está consolidado na sociedade, mas é percebido apenas em períodos eleitorais.
Referência pública	Igual ou maior que 120,01	RP	Experiência em empresas ou assuntos/públicos. Atuante e reconhecido na área de atuação. Formador de opinião e provável formação desde o nível baixo até alto (Graduação até Doutorado). Desenvolve projetos e afins com viés social/político. Alta relevância em redes sociais, com alto impacto e alta repercussão, tornando-o referência no segmento. Costuma manter base fiel de aliados, eleitores permanentes e ingressantes recorrentes, gerando ainda mais engajamento para tudo que o envolve em ações práticas ou de opinião. Esse perfil é atemporal e está consolidado na sociedade como determinante em sua orientação ideológica, atraindo pessoas com o mesmo viés e afastando tantos outros.

Se a busca por profissionais capacitados deve transcender as empresas, atingindo a sociedade em geral, qualificar o influenciador, doravante candidato ao cargo eletivo, por meio de perfil e pontuação predefinidos, parece ser algo, cada vez mais, indispensável ao eleitor na avaliação das pessoas que possam representá-las efetivamente.

Por outro lado, ao atualizar constantemente os dados do currículo, a pessoa pública pode ser acompanhada durante o período eleitoral e, principalmente, em outros momentos, pressupondo que, quanto mais percebe-se a sua contribuição à sociedade, o aperfeiçoamento em estudos dentre tantas outras ações, mais pontuação adquire-se e, assim, sugere-se mais capacitação ao cargo público. Na prática, se o indivíduo está realmente interessado nessa atividade, ele deve demonstrar o esforço para alcançá-lo, tornando a prática comum do mercado de trabalho uma realidade para esse segmento, reduzindo a possibilidade de aventureiros e incapacitados de assumirem funções que afetam, geralmente negativamente, a sociedade.

O que se espera, ao longo do tempo, é a redução dos incapacitados de assumir cargo público eletivo e/ou àqueles sem qualquer disposição em contribuir à sociedade, com interesses puramente financeiros e/ou particulares, dando lugar aos mais capacitados e preparados.

Ser mais capacitado e preparado, apesar de condição *sine qua non*, deve estar atrelado à atualização constante do indivíduo, mais uma vez perceptível na análise de currículo. Essa necessidade, ao longo do tempo, tende a reduzir a tentativa de indivíduos que, por meio do coronelismo, nepotismo e afins, atualmente, são figuras frequentes em tempos de eleição, mas, muitas vezes, sem preparar-se e atualizar-se para o cargo. Alguns deles, famosos, estão há décadas nessa empreitada. Nesse sentido, sugere-se, como complementariedade do conceito do Currículo Inclusivo, a relação direta entre curso e a sua depreciação, assim discriminada:

- Escolaridade, perda de 2,5% da pontuação a cada no de formação.
- Autenticidade Virtual, perda de 5% da pontuação a cada ano.
- Contribuição à sociedade, perda de 10% da pontuação a cada ano.

Por exemplo, 1 artigo publicado tem peso 0,800 no ano de publicação; aos 10 anos, vale 0,400 e assim até chegar a 0 no ano 20.

Entretanto, para que o método funcione, é preciso o engajamento de todos os

indivíduos aptos a votar e, de certa maneira, envolvimento de toda sociedade. Talvez esse seja o maior desafio, reduzir polarização, restringir compras veladas de voto dentre outras situações que fazem com que, por exemplo, as câmaras municipais tenham baixa renovação de vereadores eleitos. Em algum momento, o Brasil e o mundo vão precisar discutir essa mudança. Que sejamos pioneiros.

Para refletirmos... e muito!

Outra fraqueza é que os currículos não relatam diretamente a corrida, mas sugerem corrida através dos nomes pessoais. Isso leva a várias fontes de preocupação. Primeiro, enquanto os nomes são escolhidos para fazer parte do processo, alguns empregadores podem simplesmente não notar os nomes ou não reconhecer seu conteúdo racial. Como um resultado, nossos achados podem subestimar a extensão da discriminação. Da mesma forma, porque não estamos atribuindo raça, mas apenas o nome específico da raça (...).

(...) Como é bem conhecido da literatura existente, as redes sociais são um meio comum através do qual as pessoas encontram emprego e que claramente não pode ser estudado aqui. Esta não omissão afetaria nossos resultados se os afro-americanos usarem mais ou menos as redes sociais (...). os empregadores confiam mais nas redes

(...) Currículos com nomes brancos têm 10,08% de chance de receber um retorno de chamada. Currículos equivalentes com nomes africanos americanos têm 6,70% de chance de serem chamados de volta. Isso representa uma diferença no retorno de chamada taxas de 3,35 pontos percentuais, ou 50 por cento, que só podem ser atribuídas à manipulação do nome. (...) Em outras palavras, esses resultados implicam que um candidato branco deve esperar, em média, um retorno de chamada para cada 10 anúncios aos quais se candidatar. Por outro lado, um candidato afro-americano precisaria se inscrever em 15 anúncios diferentes para obter o mesmo resultado. (...) Nossos resultados até agora sugerem uma quantidade substancial de discriminação no recrutamento de emprego.

Fonte: NBER. (2003). National Bureau of Economic Reasearch – Working Paper Series. Are Emily and Greg more employable than Lakisha and Jamal? A field experiment on labor market discrimination. Recuperado de https://www.nber.org/system/files/working_papers/w9873/w9873.pdf.

CAPÍTULO 5: CONSIDERAÇÕES FINAIS

Sabemos que a triagem de currículo é fundamental no processo de recrutamento. É fato também que essa atividade precisa passar por mudanças para adaptar-se às novas realidades dos negócios. Com isso, métodos que possam melhorar desempenho e ainda contribuir na equidade de análise dos currículos devem ser amplamente discutidos.

Este Livro traz uma certeza já evidenciada pelos próprios recrutadores, especialistas e até de certo modo por boa parte dos profissionais: praticidade é essencial, independentemente da área envolvida, incluindo os processos de pré-relacionamento como a triagem de currículos. Por outro lado, o profissional se vê necessitado de apresentar dados que possam ser relevantes ao recrutador. A combinação dessas linhas de pensamento cria um *trade-off* típico aos envolvidos:

- Recrutador: Currículos enxutos x currículos com muitos dados.
- Profissional: Currículos com muitos dados x currículos com poucos dados.
- Especialistas: Currículos com dados essenciais x modelos de currículos.

Figura 52: Expectativa x Experiência – Triagem de currículos

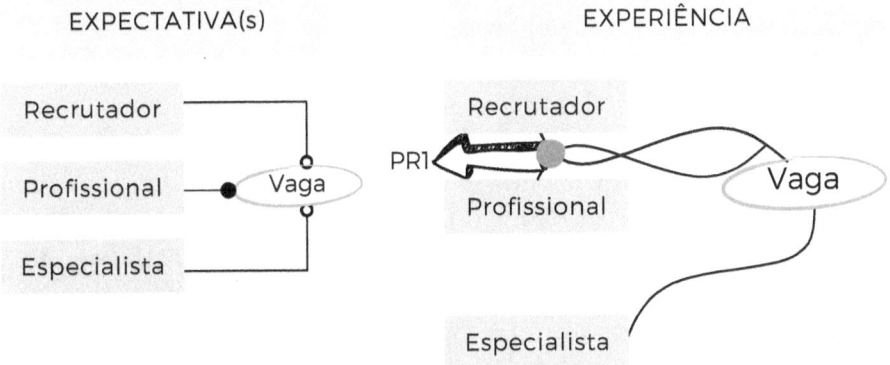

PR1 = ponto de relacionamento 1 - triagem de currículo

Apesar de interesses idênticos, a prática tem se apresentado bem diferente. O especialista alerta, cita e sugere importantes informações para se alcançar a vaga, mas o que se observou é a baixa adesão aos seus propósitos. Com isso, esse especialista torna-se parte do processo da expectativa, mas está separado, por vezes bem distante, da experiência.

Por outro lado, o profissional e o recrutador estão envolvidos obrigatoriamente, criando o ponto de relacionamento 1 (PR1), entretanto, apesar da expectativa ser idêntica, a experiência pode ser distinta. Obviamente, não é possível generalizar sobre as distorções que os processos de triagem, recrutamento e posterior seleção causam aos envolvidos, mas é perceptível que elas existem.

Algumas dessas consequências das distorções foram percebidas ao longo deste Livro e podem ser assim destacadas:
- Reclamações de profissionais que não sabem o motivo do seu currículo não ser aceito;
- Possível retaliação dos recrutadores com currículos extensos;
- Profissionais não preparados para confecção do seu currículo;
- Especialistas sugerindo modelos de currículos que não são usuais do ponto de vista do objetivo; e, como consequência,
- Falta de equidade

Entendendo que há necessidade de ajustes nesses processos de triagem e recrutamento, foi proposto o método Currículo Inclusivo (CIn), apresentando uma nova abordagem na confecção e gestão de currículos e, consequentemente, na maneira de recrutamento do profissional. Essa inovação no processo se dá por diversos motivos:
- Tempo: As empresas recrutadoras desejam cada vez mais reduzir o tempo de seleção com a atividade de triagem de currículos e recrutamento.
- Padronização: A atual falta de estrutura organizada faz com que os profissionais coloquem dados irrelevantes aos contratantes, deixando outros importantes de fora.
- Categorização: O método de buscas por profissionais baseado em palavras-chave, expandido nos últimos anos, contribui na agilidade da triagem de currículos, mas podem causar dispersão e ineficiência, necessitando ser reformulada ou adaptada.

- Redução de custo: Os altos valores cobrados por empresas e supostos especialistas na confecção de currículos tornando-se, cada vez mais, inviáveis.
- Gestão à vista: A falta de transparência na análise e seleção de currículos, sem (ou quase sem) critérios quantitativos envolvidos, criando insatisfação aos envolvidos.
- Feedback: Uma das maiores reclamações dos profissionais pela falta de informação no processo, tem se intensificado e alcançado as redes sociais.
- Fator híbrido: A necessidade de adaptação do processo de triagem ao processo de recrutamento e, ao mesmo tempo, ao que realmente é importante ao recrutador.

Considerando esses diversos motivos, é possível afirmar que todos precisam, desde os profissionais em busca de recolocação, os profissionais que desejam avaliação constante da sua carreira e até as empresas recrutadoras e contratantes, mudar o jeito de se envolver nesse complexo processo de captação de mão de obra. Assim, uma série de possibilidades utilizando-se do Currículo Inclusivo pode ser apresentada para justificar o seu uso.

Quadro 13: Motivações para uso do Currículo Inclusivo

Motivação	Perspectiva do Currículo Inclusivo
Tempo	O modelo padronizado e a sua ferramenta para análise propõem redução de tempo ao recrutador.
Padronização	A organização por meio do padrão "cada coisa em um lugar e cada lugar com a sua coisa" promove facilidade para quem confecciona e para quem avalia.
Categorização	A opção de busca por perfil e pontuação aumentam a possibilidade de localizar o profissional adequado à vaga.
Redução de custo	A tendência de confecção do currículo pelo próprio profissional, ao modelo *self service*, elimina ou reduz a possibilidade de intermediários.
Gestão à vista	O recrutador, ao utilizar-se da ferramenta de análise, possibilita a visão analítica do processo, contribuindo na tomada de decisão e até na previsibilidade de processos.
Feedback	O recrutador, em tempo real, pode gerar respostas automáticas sobre o interesse ou não interesse no profissional.
Fator híbrido	A opção de alteração das dimensões e variáveis ou a adaptação da relevância para cada processo, torna-se possível a modelagem ao interesse do recrutador, agregando valor.

Algo importante a ser destacado no processo de triagem de currículo está relacionado ao LGPD (lei geral de proteção de dados pessoais), pois, a falta de estruturação adequada e padronização, contribui para que os profissionais, ávidos por um novo emprego, divulguem os seus dados sensíveis para qualquer pessoa, destoando do que a lei sugere.

Por isso, o Currículo Inclusivo condiciona as suas dimensões à pontuação que o influenciador alcança a partir de dados numéricos, sem a necessidade de expressar, nesse momento, algo que comprometa a sua segurança virtual e até física, ao divulgar endereço, telefone etc. Assim, o contato sugerido é após a triagem, ao iniciar o recrutamento, um momento mais relacional, reduzindo o uso indevido dos dados coletados.

Se a proteção de dados é importante, a veracidade de dados é inerente ao processo de recrutamento e seleção. Para isso, a credibilidade do profissional começa na confecção do currículo, com o score gerado e as devidas comprovações prontas para serem apresentadas, caso seja necessário, eliminando ou reduzindo a possibilidade de fraude.

Ao citar credibilidade em distribuir conteúdo, um dos maiores motivadores para que sejam criados mecanismos para comprovar a veracidade está justamente nas redes sociais e a facilidade de utilizar dados de terceiros, plágios, materiais não autorais e até discutíveis sob o ponto de vista da efetividade. Um exemplo disso é o texto publicado em uma plataforma de conteúdo sobre marketing, comunicação e mídia. Nesse material, é citada a enxurrada de coaches na rede social profissional[1], permitindo que façamos algumas perguntas:

- Como controlar a ação de profissionais que se oferecem a prestar serviços sem, muitas vezes, capacitação para tal?
- Quem é responsável por controlar esse tipo de serviço desonesto?
- Como as pessoas, físicas e jurídicas, podem evitar a contratação de profissionais sem qualificação ao cargo e função disponíveis?
- Como encontrar o profissional ideal?

[1] Disponível em https://www.meioemensagem.com.br/home/opiniao/2019/03/13/o-momento-da-verdade-para-o-linkedin.html. Acesso em 12/01/2020.

As três primeiras perguntas talvez não tenhamos resposta imediata ou até há diversas opções, todas ou a maioria sem comprovação de eficácia, entretanto, a última pergunta é possível realizar, no mínimo, uma redução significativa dos erros de contratação. Então, uma das alternativas de combater a prática de profissionais sem capacitação ofertando produtos e serviços, virtualmente ou não, pode ser por meio do Currículo Inclusivo.

Mas, como fazer?
Se o recrutador exigir o score do profissional como regra básica na negociação, a pontuação pode comprovar a real experiência para determinada atividade. Ao longo do tempo, com a prática disseminada, a tendência é a redução de candidatos não aptos às vagas, salvo com anuência do contratante.

Assim, as perspectivas sobre o Currículo Inclusivo estão assim estabelecidas:
i. Uma ferramenta capaz de garantir acesso à confecção do currículo por qualquer pessoa, reduzindo ou eliminando o custo ora gerado por essa atividade. Então,
ii. Com a ferramenta, promover a confecção padronizada e otimizada do currículo, contribuindo no processo de triagem. Assim,
iii. Na triagem, a pontuação e o consequente perfil atribuído ao profissional é identificado, garantindo maior capacidade (em qualidade e quantidade) de análise do recrutador. Por isso,
iv. O recrutador, para fazer a seleção, a partir da análise dos currículos recebidos, passa a gerar informações relevantes sobre os profissionais de forma idêntica por meio dos dados coletados. Na sequência,
v. Cria-se a possibilidade de os currículos passarem pelo processo de valoração das informações que neles advém, de forma equitativa, agregando verdadeiro valor ao recrutamento e seleção. Por fim,
vi. Todo o processo (ou parte dele) realizado por meio de pontuação, considerando fatores relevantes definidos nas dimensões, e aplicadas por meio de raciocínio matemático, gerando o score do profissional, garantindo que o processo seletivo alcance outras fases obtendo equidade desde o seu início.

Mas, como a tecnologia e os processos mudam constantemente, os métodos de recrutamento e seleção precisam ser repensados sempre que necessário, não sendo diferente com o Currículo Inclusivo e a busca pelo profissional ideal.

5.1 PERSPECTIVAS SOBRE O MERCADO E SUGESTÕES PARA TRABALHOS FUTUROS

O Currículo Inclusivo promove certa inovação na confecção, triagem, e análise de currículos, agregando dinamismo à atividade. Com isso, abre a possibilidade de uma série de ações que pode mudar a forma de relacionamento entre empresas e profissionais quanto ao processo inicial de recrutamento.

Por isso, as perspectivas sobre o uso e as suas consequências no mercado estão assim dispostas:

- Erradicação ou redução drástica do custo de confecção de currículos;
- Confecção de currículo pelo modelo *self service*;
- Foco nos dados do currículo e não em seu design e modelo;
- Uso do método para todos os profissionais, independentemente de empregado ou em busca de nova oportunidade, mantendo o currículo sempre atualizado;
- Adoção do método para qualquer segmento, incluindo cargos públicos eletivos;
- Criação de serviços de validação de perfil (facilitando a processo de recrutamento das empresas);
- Criação de selo de autenticidade, promovendo duas situações: currículo Autorizado (quando o profissional realiza o cadastro e encaminha as comprovações sobre os dados citados) e currículo Reconhecido (quando o profissional apresenta todas as comprovações citadas no currículo)
- Plataforma digital para uso dos profissionais e acesso dos recrutadores.

As sugestões para trabalhos futuros estão centradas em análise da prática do método, entendendo a receptividade e aceitação, além da mudança das dimensões e das variáveis envolvidas, alterando a relevância entre elas. O estudo pode ser ainda sobre o impacto no processo de triagem de currículos, considerando tempo gasto, análise dos potenciais profissionais e efetividade da atividade. Um processo recorrente para agregar valor constantemente.

Assim, ao encerrar esse Livro, mais do que gerar inovação no mercado, pretende-se abrir discussão sobre um tema que pouco se trata: o currículo profissional sob o ponto de vista da sua confecção e uso em processos de triagem, envolvendo:

- A padronização, reduzindo custo e capacitando qualquer pessoa à atividade; e
- A triagem, estruturação e modelagem, reduzindo tempo de análise e capacitando qualquer pessoa à atividade.

Na primeira situação, torna o profissional apto para avaliar a sua carreira de forma recorrente, a segunda proporciona produtividade e equidade ao processo seletivo.

A combinação é o que devemos sempre IMPOR ao mercado:

Inove (faça uma coisa nova ou uma nova coisa)

Melhore (o que se tem disponível)

Padronize (para ganhar escala)

Otimize (para fazer mais)

Reduza (elimine tudo o que é improdutivo)

Essa deve ser a busca de todos nós:
IMPOR, se IMPOR... tornar-se IMPORtante!

A consequência desse modelo deve ser a adoção do princípio do Currículo Inclusivo, em que qualquer pessoa, não importando a sua condição social, técnica ou ainda financeira, possa desenvolver o seu próprio documento para ingressar, retornar ou manter-se no mercado de trabalho. É o processo denominado de desgourmetização do currículo.

Mas, claro, você profissional, é parte fundamental nesse processo ao tornar-se, cada vez mais, capacitado, não para ingresso em uma empresa e sim para o desenvolvimento pessoal, entendendo, dentre tantas possibilidades, como pode fazer a diferença às pessoas diretas e indiretas em seu entorno. A vaga, seja naquela empresa dos sonhos ou em outra qualquer, vai chegar e, nesse momento, a capacitação servirá também para esse fim, facilitando e contribuindo para o seu crescimento profissional.

Por fim, uma frase atribuída a Albert Einstein diz:

"Lembre-se que as pessoas podem tirar tudo de você, menos o seu conhecimento"

Este Livro, em sua forma mais ampla, pretende dizer às pessoas "vocês são capazes de apresentar os seus conhecimentos em um documento" e aos recrutadores "analisem a capacitação e por meio dela, de forma equitativa, escolha o profissional ideal, não necessariamente o melhor".

Que assim seja.
Que Deus bençoe vocês, assim como Ele faz comigo!
Abraço, JB

Pertencimento +
Inclusão +
Diversidade =
Equidade!

ABRANTES, T. **10 modelos de currículos para todos os gostos e perfis**. Disponível em https://exame.abril.com.br/carreira/10-modelos-de-curriculo-para-todos-os-gostos-e-perfis/. Acesso em 23/01/2020.

BARRETO, J. C. O empreendedor líder de MPEs na região de Barueri-SP e a disseminação da orientação empreendedora. **Dissertação de Mestrado**. Programa de Pós-Graduação em Administração e Empreendedorismo. Faculdade Campo Limpo Paulista - FACCAMP, 2011.

BARRETO, J. C. A conteinerização da carga urbana por meio do Baú Móvel: os conflitos percebidos e a estratégia de disseminação. **Tese de Doutorado**. Programa de Pós-Graduação em Engenharia Civil. Universidade Estadual de Campinas – UNICAMP, 2015.

BARRETO, J. C. **Gestão de negócios x cadeia de suprimentos: A difícil arte de tomar decisões**. São Paulo: Amazon Books, 2021.

CARVALHO, I. M. V. **Recrutamento e seleção por competências**. Ieda Maria Vecchioni Carvalho, Antônio Eugênio Valverde Mariani Passos, Suzana Barros Corrêa Saraiva. – Rio de Janeiro: Editora FGV, 2008.

DUTRA, J. S. **Gestão de pessoas: modelo, processos, tendências e perspectivas**. São Paulo: Atlas, 2009.

GASPAR, D. J. A utilização das tecnologias nos processos de recrutamento e seleção de pessoas: análises, desafios e tendências. **Dissertação de Mestrado**. Universidade Estadual Paulista, Instituto de Biociências de Rio Claro - Rio Claro, 2016.

INEP. Instituto Nacional de Estudos e Pesquisas Educacionais Anísio Teixeira. **Sinopses estatísticas da educação superior – graduação**. Disponível em http://portal.inep.gov.br/web/guest/sinopses-estatisticas-da-educacao-superior. Acesso em 25/01/2020.

PATI, C.; GASPARINI, C. **12 modelos de currículos para baixar e preencher**. Disponível em https://exame.abril.com.br/carreira/12-modelos-de-curriculo-para-baixar-e-preencher/. Acesso em 23/01/2020.

TIMMONS, J; SPINELLI, S. **New Venture creation – entrepreneurship for the 21st. century**. New York: Mc Graw-Hill/Irwin, 2004.

Legenda:
C = Currículo
O = Objetivo informado
CL = Clareza
I = Informações
O = Otimização

S = Sim, N = Não

Quadro A1: Informações de currículo

C	O	CL	I	O	Observações Gerais
1	S	S	S	N	O profissional informou 8 empresas anteriores.
2	S	N	S	N	Formal e padrão.
3	N	N	S	N	O profissional utilizou-se de 3 páginas, mesmo com cargo operacional e poucas movimentações.
4	S	S	S	S	Formal e padrão.
5	N	S	S	N	Formal e padrão.
6	S	S	S	N	O profissional direciona o currículo à busca de oportunidade. Informa o salário atual e cita ser "reconhecida ao longo da carreira pelo profissionalismo". Tem 24 anos e apresentou 1,2 ano de experiência profissional.
7	S	N	S	S	Apesar de enxuto, o currículo apresenta uma série de figuras e símbolos que pode vir a confundir o selecionador.
8	S	S	S	N	O profissional não enfatiza o direcionamento da carreira. Com isso, há dados sobre experiência na área jurídica e em outro momento na área logística, dificultando entender seu objetivo.
9	S	S	S	S	O profissional, aparentemente, com larga experiência profissional, não cita as empresas em que trabalhou, optando por uma síntese de qualificações.
10	S	S	S	S	Formal e padrão.
11	S	S	S	S	O profissional sugeriu uma separação no currículo: de um lado, a experiência e de outro as habilidades.
12	S	S	S	S	Formal e padrão.
13	S	S	S	N	O profissional cita as escolas de inglês que frequentou dentre outros dados irrelevantes, gerando 3 páginas de currículo.
14	S	S	S	S	Algo percebido, nesse e em outros currículos: o endereço completo. Um dado preocupante considerando a segurança do profissional e a falta de alinhamento às bases da LGPD.

C	O	CL	I	O	Observações Gerais
15	S	S	S	N	O profissional decide colocar o que chama de resumo, entretanto, prolongou-se no texto.
16	S	S	S	S	Apesar de bem estruturado, tornando a leitura fácil, o profissional não informou telefone de contato, apenas e-mail.
17	S	S	S	N	Formal e padrão.
18	S	S	S	N	Experiências profissionais em demasia.
19	S	S	S	N	O profissional fez o resumo longo e colocou alguns contatos como referência.
20	S	S	S	S	Não informou a idade, comum para boa parte dos profissionais. Apresentou experiência de seis meses, apesar de formada há 14 anos.
21	S	S	S	N	O profissional se diferencia pela forma de apresentação do currículo.
22	S	S	S	N	O profissional é fluente em três idiomas, mas não dá ênfase nessa característica incomum.
23	S	S	S	N	Formal e padrão.
24	S	S	N	S	O profissional, com pouca experiência, cita cursos e atividades com pouca ou sem relevância ao cargo pretendido (ex.: atividade de mesário e curso de aperfeiçoamento na revisão ortográfica).
25	S	S	S	S	O profissional informou endereço completo.
26	S	S	S	S	Apesar do currículo ser de uma atividade específica (chef de cozinha), o profissional, com larga experiência, deixa claro e sucinto o que pretende.
27	S	S	S	N	O profissional pode, por descuido, ter informado dados incorretos (a mesma função aparece em duas empresas no mesmo período).
28	S	S	S	N	O profissional, da área docente, cita as publicações de artigos científicos, tornando-os destaques no currículo.
29	S	S	S	N	O profissional apresenta as realizações e conquistas nas empresas em que atuou.
30	S	S	S	S	Mesmo sendo tema recorrente na sociedade, o currículo do profissional é um dos poucos que aborda o empreendedorismo.
31	S	S	S	N	Outro tema recorrente na sociedade, as práticas ESG são citadas pelo profissional.
32	N	S	S	S	Um dos problemas recorrentes em muitos currículos analisados, apesar de bem distribuídos, ficam dúvidas quanto ao cargo/objetivo pretendido pelos profissionais.
33	N	S	S	S	Falta de objetivo e do objetivo.

C	O	CL	I	O	Observações Gerais
34	S	S	N	S	Apesar de ser apresentado em forma de programação, tornando-o diferente em relação aos demais, os dados se restringem aos conhecimentos do profissional.
35	S	S	S	S	O profissional citou habilidade em "pequenas sugestões de melhoria", tornando esse dado vago ou irrelevante.
36	S	S	S	N	Um problema recorrente em currículos: a formatação sem padrão. Nesse, o profissional apresenta o seu material em duas páginas, mas a segunda página consta apenas uma linha escrita.
37	S	S	S	N	O profissional cria separação entre "*skills* técnicos" e "*skills* pessoais" para apresentar suas habilidades.
38	S	S	S	N	O profissional repete dados de cursos extracurriculares, colaborando no aumento de páginas do documento.
39	N	S	S	S	Endereço completo.
40	S	S	S	S	Endereço completo.
41	S	S	S	N	O profissional direcionou à sua área de atuação e apresentou alternativas de cargos que encaixam em seu perfil.
42	S	S	S	S	Formal e padrão.
43	S	S	S	N	Formal e padrão.
44	S	S	S	N	O profissional fez o resumo, mas o detalhou em seguida, aumentando o número de páginas do currículo.
45	N	N	S	N	A profissional, apesar de ser graduada e, pós-graduada em nível MBA, apresentou o currículo sem formatação e com foto distorcida, sugerindo estar aquém do que se espera do profissional nesse nível de escolaridade.
46	S	S	S	S	Formal e padrão.
47	S	S	S	N	O profissional apresentou uma frase para definir a sua personalidade e acrescentou alguns dados relacionado à frase, entretanto, fez com que o currículo aumentasse em número de páginas.
48	N	S	S	S	Formal e padrão.
49	S	S	S	S	Formal e padrão.
50	S	S	S	S	Formal e padrão.
51	S	S	S	N	O profissional apresentou o currículo de um site de emprego, em que aborda diversos itens, talvez não relevantes para o momento da triagem (ex.: salário pretendido).
52	S	S	S	S	A idade do profissional, 16 anos, não o impediu de ser objetivo na busca pela oportunidade de emprego.

C	O	CL	I	O	Observações Gerais
53	S	S	S	S	O profissional apresentou um dos currículos mais fáceis para leitura, interagindo o objetivo com os demais dados.
54	N	S	S	S	O profissional não informa o objetivo, mas destaca experiência profissional em duas áreas distintas.
55	N	S	S	N	O profissional, assim como outros, se coloca "à disposição da empresa", sem especificar cargo ou área, apenas a perspectiva de ser chamado.
56	S	S	S	S	O profissional informou que ganhou prêmio por ser "leitor assíduo" de uma biblioteca, importante pessoalmente, mas pode não ser relevante ao cargo pretendido.
57	N	S	S	S	Falta do objetivo.
58	S	S	S	N	Formal e padrão.
59	S	S	S	S	Formal e padrão.
60	S	S	S	S	Formal e padrão.
61	S	S	S	S	Formal e padrão.
62	S	S	S	N	O profissional utilizou mais de 10 linhas para informar áreas e cargos de interesse.
63	S	S	S	S	O profissional destaca os resultados alcançados.
64	S	S	S	N	Formal e padrão.
65	S	S	S	S	O profissional, talvez por falta de atenção, colocou experiência em aplicativos e programas já substituídos por novas versões.
66	S	S	S	S	Apesar do currículo estar bem distribuído, o profissional não informou a sua cidade de origem, dificultando possível contato.
67	S	S	S	S	O profissional informa algo comum nos currículos, as formações em andamento. Entretanto, esse profissional, cita como formado e logo abaixo entende-se em formação, o que pode gerar algum tipo de problema em possível contratação.
68	S	S	S	S	O profissional destaca as ações sociais em que faz ou fez parte.
69	S	S	S	S	Formal e padrão.
70	S	S	S	N	Formal e padrão.
71	S	S	S	N	Apesar de constar o resumo, o profissional apresentou o currículo em três páginas.
72	S	S	S	N	O profissional não informou o tempo de experiência, dificultando ao recrutador análise mais aprofundada.
73	S	S	S	N	Formal e padrão.

C	O	CL	I	O	Observações Gerais
74	S	S	S	S	O profissional, talvez pela falta de compreensão, apresenta o resumo do currículo ao final dos dados relacionados, tornando-o irrelevante.
75	S	S	S	S	O profissional destaca as suas supostas habilidades e competências.
76	S	S	S	S	O profissional, por possível inexperiência, informou cursos realizados como atividades profissionais, erro percebido em outros currículos em diferentes contextos.
77	S	S	S	S	Formal e padrão.
78	S	S	S	S	Formal e padrão.
79	S	S	S	S	O único profissional com necessidades especiais informado nos currículos analisados.
80	S	S	S	S	Formal e padrão.
81	S	S	S	S	O profissional, na ansiedade de conseguir o emprego, cita frases irrelevantes ao processo de triagem de currículo, tais como, "aonde meus conhecimentos forem necessários", gerada por um profissional com 19 anos, sugerindo não agregar valor ao processo.
82	S	S	S	N	Falta de formatação.
83	S	S	S	N	O profissional, assim como outros, informou a categoria da habilitação, mesmo o seu objetivo não relacionar aos cargos com essa exigência.
84	S	S	S	N	Formal e padrão.
85	S	S	S	S	Citou ação social em que está envolvido.
86	S	S	S	S	Formal e padrão.
87	S	S	S	S	O profissional se diferencia pela forma estruturada de apresentação do currículo.
88	S	S	S	N	O profissional, por ter diferentes cargos na mesma empresa, utilizou-se de uma página para destacar essa experiência.
89	S	S	S	S	Formal e padrão.
90	S	S	S	N	Formal e padrão.
91	S	N	S	N	O profissional, por ser representante comercial ativo com empresa constituída, apresentou um currículo com 4 páginas para candidatar-se aos cargos como empregado via CLT, gerando maior tempo para interpretação do seu currículo.
92	S	S	S	N	Formal e padrão.
93	S	S	S	S	Formal e padrão.
94	S	S	S	S	Formal e padrão.

C	O	CL	I	O	Observações Gerais
95	S	S	S	S	Formal e padrão.
96	S	S	S	S	O profissional se diferencia pela forma estruturada de apresentação do currículo.
97	S	N	S	N	Falta de formatação.
98	S	S	S	S	O profissional se diferencia pela forma estruturada de apresentação do currículo.
99	S	S	S	N	Formal e padrão.
100	S	S	S	S	Formal e padrão.
101	S	S	S	S	Apesar do estágio ser porta de entrada importante ao mercado de trabalho, poucos profissionais como esse informam essa pretensão.
102	S	S	S	N	Falta de formatação.
103	S	S	S	N	Formal e padrão.
104	S	S	S	N	Falta de formatação.
105	S	S	S	S	Formal e padrão.
106	S	S	S	N	O profissional aparenta ser extremamente detalhista, tornando o currículo longo.
107	N	S	S	N	O profissional relacionou a atividade no exército ("treinamento militar") sem apresentar relação ao cargo pretendido.
108	N	N	S	S	Falta de formatação.
109	N	N	S	S	A foto do profissional tem mais destaque (pelo tamanho) do que os demais dados do currículo.
110	S	S	S	N	Formal e padrão.
111	S	S	S	S	Único profissional, acima dos 40 anos, que apresentou experiência profissional em apenas uma empresa. Nesse caso, 31 anos de dedicação.
112	S	S	S	N	Formal e padrão.
113	S	S	S	N	Falta de formatação.
114	N	S	S	S	Formal e padrão.
115	S	S	S	N	Formal e padrão.
116	N	N	S	S	Alheio às diretrizes da LGPD, esse profissional destacou ter casa própria e apresentou a numeração do seu RG, CPF e até PIS.
117	N	S	S	S	Formal e padrão.
118	S	S	S	S	O profissional deixou campo para assinatura, irrelevante por ser um processo virtual.
119	S	S	S	S	Formal e padrão.

FIGURA	AUTOR	LOCALIZAÇÃO
puzzle Solution	dimpleo-o	Capa
yellow Note Book	canva layouts	Capa
checklist Illustration	afilabs.com	Capa
blank note post it	dapa images	Capa
business curriculum vitae	djvstock	contra-capa
curriculum vitae outline	ninjastudio	paginação
circuit technology	sanjaya images	conteúdo
simple line corner border	lentera space	conteúdo
spider web	tood house	contra-capa
curriculum vitae isolated	giuseppe ramos s	sumário
numbers	handriwork	sumário
numbers	tania licea	sumário
letra a	trendify	conteúdo
industry 4.0 technology	getty images	conteúdo
letra e	amayokibuarts	conteúdo
hand draw arrow	macrovector	conteúdo
letra s	sparkle thing's	conteúdo
palavra português	prodesigner	conteúdo
clipart english	monster-visuals	conteúdo
spanish language course	natatravel	conteúdo
french language book	l's image	conteúdo
chinese language course	natatravel	conteúdo
italian language course	natatravel	conteúdo
russian language textbook	natatravel	conteúdo
letra a	amayokibuarts	conteúdo
smile face good	khulisara's images	conteúdo
arrow	aigloz	conteúdo
arrow	kontributor guestment	conteúdo
tick	otomedream	conteúdo
in progress filled	icons8	conteúdo
illiteracy	prosymbols	conteúdo
follower notification	chief_art	conteúdo
cute red arrow	accountanz	conteúdo
letra s	amayokibuarts	conteúdo
equity, diversity...	getty images	conteúdo

Fonte: Canva.com

Estamos chegando lá...

www.ingramcontent.com/pod-product-compliance
Lightning Source LLC
Chambersburg PA
CBHW021359210526
45463CB00001B/162